SÉRIE SÉLECTE

Sauces et marinades

par JEAN PARÉ

Recettes sélectes

Jean Paré®

LIVRES DE CUISINE

Sauces et Marinades

Premier tirage Mai 1997
Données de catalogage avant publication (Canada)
Paré, Jean

    Sauces et marinades

Publ. aussi en anglais sous le titre :
Sauces & marinades
Comprend un index.
ISBN 1-896891-08-X

    1. Sauces. 2. Marinades. I. Titre.

TX819.A1P36814 1997   641.8'14   C97-900066-1

Publié simultanément au Canada et aux États-Unis d'Amérique par
The Recipe Factory Inc.
conjointement avec
Company's Coming Publishing Limited
2311, 96ᵉ Rue
Edmonton (Alberta) Canada T6N 1G3
Tél. : (403) 450-6223
Téléc. : (403) 450-1857

Jean Paré

LIVRES DE CUISINE

Sauces et marinades a été créé grâce au dévouement des personnes et des organismes suivants.

COMPANY'S COMING PUBLISHING LIMITED

Auteur	Jean Paré
Président	Grant Lovig
Directrice de la production	Kathy Knowles
Coordonnateur de la production	Derrick Sorochan
Conception	Nora Cserny
Mise en forme	Marlene Crosbie
	Debbie Dixon

THE RECIPE FACTORY INC.

Rédactrice-gérante	Nora Prokop
Surveillante, cuisine d'essai	Lynda Elsenheimer
Rédactrice adjointe	Stephanie With
Photographe	Stephe Tate Photo
Arrangement des aliments	Stephanie With
Accessoiriste	Gabriele McEleney

Nous tenons à remercier les entreprises suivantes de nous avoir fourni une foule d'accessoires pour les photographies.

Chintz & Company
Creations By Design
Enchanted Kitchen
La Cache
Le Gnome
Stokes
Rayon des articles ménagers de La Baie

Adaptation française par Françoise L'Heureux, mise en page par Guy L'Heureux, Services T & A inc., Cantley (Québec) Canada

Sélection chromatique, impression et reliure par Friesens, Altona (Manitoba) Canada
Imprimé au Canada

COUVERTURE
Dans le sens horaire, depuis le haut à droite :
Sauce à pouding de Noël, page 33
Sauce au persil, page 54
Compote de pommes aux canneberges, page 43

Table des matières

L'histoire de Jean Paré

En grandissant, Jean Paré a compris que l'important dans la vie, c'est la famille, les amis et les petits plats mijotés à la maison. Jean tient de sa mère son appréciation de la bonne cuisine tandis que son père loua ses premiers essais. Jean quitta la maison familiale munie de recettes éprouvées et animée de son amour des chaudrons et du désir particulier de dévorer les livres de cuisine comme des romans!

En 1963, ses quatre enfants tous entrés à l'école, Jean offrit de pourvoir la nourriture qui serait servie à l'occasion du 50e anniversaire de l'École d'agriculture de Vermilion, aujourd'hui le Collège Lakeland. Travaillant chez elle, Jean prépara un repas pour plus de mille personnes. Cette petite aventure marqua les débuts d'un florissant service de traiteur qui prospéra pendant plus de dix-huit ans et qui permit à Jean de tester une foule de nouvelles idées et de s'enquérir sur-le-champ de l'avis de ses clients — dont les assiettes vides et les mines réjouies disaient long! Qu'il s'agisse de préparer des amuse-gueule pour une réception à domicile ou de servir un repas chaud à 1 500 personnes, Jean Paré avait la réputation de servir de la bonne nourriture à un prix abordable, avec le sourire.

Souvent, les admirateurs de Jean en quête de ses secrets culinaires lui demandaient «Pourquoi n'écrivez-vous pas un livre de cuisine?». À l'automne 1980, Jean faisait équipe avec Grant Lovig, son fils, et ensemble, ils fondaient Company's Coming Publishing Ltd. qui lançait un premier titre, *150 Delicious Squares*, le 14 avril 1981. Quoique personne ne le savait à l'époque, ce livre était le premier d'une série qui deviendrait la collection de livres de cuisine la plus vendue au Canada. En 1995, Company's Coming a franchi le cap des dix millions de livres vendus.

L'époque où Jean Paré était installée chez elle, dans une chambre d'ami, est bel et bien révolue. Aujourd'hui, elle travaille dans une grande cuisine d'essai moderne sise à Vermilion (Alberta), non loin de la maison qu'elle et son mari, Larry, ont construite. Company's Coming emploie à temps plein des agents de commercialisation dans les grands centres canadiens et dans quelques villes américaines. Le siège social de l'entreprise est établi à Edmonton (Alberta) et regroupe les fonctions de distribution, de comptabilité et d'administration dans des bureaux de 20 000 pieds carrés. De plus, Company's Coming vient juste de s'agrandir de «l'Usine de recettes», en fait une cuisine d'essai et un studio de photographie de 2 700 pieds carrés, situés à Edmonton.

Les livres de cuisine Company's Coming sont vendus partout au Canada et aux États-Unis et dans certains pays étrangers, le tout grâce aux bons soins de Gail Lovig, la fille de Jean. La série paraît en français et en anglais et une adaptation en espagnol est vendue au Mexique. On trouvera bientôt en d'autres formats que la collection originale à couverture souple les recettes familiales de Jean Paré, toujours dans le style et la tradition qui lui ont valu la confiance de ses lecteurs.

Jean Paré a un penchant pour les recettes rapides et faciles, faites avec des ingrédients familiers. La clientèle de Jean Paré ne cesse de grossir et ce, parce que celle-ci ne dévie jamais de ce qu'elle appelle «la règle d'or de la cuisine» : ne jamais partager une recette que l'on ne préparerait pas soi-même. C'est une méthode qui a fait ses preuves — dix millions de fois!

Avant-propos

Les sauces et marinades sont souvent l'ingrédient clé secret d'un repas réellement mémorable. En effet, elles ont l'impressionnante capacité de transformer, par exemple, une simple poitrine de poulet en un extraordinaire poulet Alfredo ou une coupe peu coûteuse de bœuf en un exotique fricassé de bœuf teriyaki! Quand arrive le dessert, peu de gens sont capables de résister à une alléchante sauce au chocolat soigneusement nappée sur une boule de crème glacée.

Généralement, les sauces peuvent être aisément adaptées en fonction de la saveur des plats au menu. Il suffit d'augmenter, de réduire ou de changer les assaisonnements donnés dans les recettes pour créer une sauce bien à soi. On peut remplacer les fines herbes déshydratées par des herbes fraîches (à raison de 2 mL ou ½ c. à thé d'herbes déshydratées pour 15 mL ou 1 c. à soupe, d'herbes fraîches). Les personnes qui cherchent à réduire leur consommation de sodium peuvent réduire la quantité de sel ou le supprimer complètement et rajuster l'assaisonnement au goût. La teneur en matières grasses peut également être réduite, simplement en substituant du lait écrémé au lait 2 %, au lait entier ou à la crème; de même, l'huile végétale ou l'huile d'olive remplacent sans difficulté le beurre. En revanche, on se souviendra que les recettes données dans ce livre ont été mises à l'essai avec les ingrédients donnés et que les résultats peuvent être différents si l'on remplace certains ingrédients.

Les marinades servent principalement à attendrir les coupes de viande plus fermes, mais elles permettent également d'introduire directement une saveur dans les aliments. Quand on fait mariner une viande, il faut se servir d'un récipient en verre, en céramique ou en acier inoxydable que l'on couvre et que l'on met au réfrigérateur. Comme les marinades contiennent habituellement un ingrédient acide comme du vinaigre, il faut veiller à ne pas utiliser un récipient en aluminium.

Les marinades peuvent aussi être transformées en sauces exquises. Il suffit de savoir qu'après avoir fait mariner les aliments, il faut porter le reste de marinade à ébullition avant de l'épaissir et de servir la sauce ainsi obtenue.

Sauces et marinades est une collection de recettes éprouvées qui sauront agrémenter tous les menus. On veut préparer en un tour de main un plat de pâtes? Alors, il faut essayer la sauce marinara, page 64. Pour garnir du brocoli, c'est la fausse sauce hollandaise, page 53. Pour donner du piquant à un saumon grillé, il suffit de le napper de sauce à l'aneth, page 18. Il est tellement simple de préparer un festin quand on dispose de la sauce ou de la marinade idéale. Avec plus de 120 recettes à portée de main, on est sûr de trouver celle qui convient parfaitement!

Été comme hiver, tout le monde apprécie la saveur particulière d'un plat au barbecue, qu'on l'ait fait griller en plein air ou simplement rôtir dans le four. Les délicieuses sauces pour le barbecue et pour badigeonner qui sont proposées ici permettent de préparer rapidement et facilement des repas savoureux. Les sauces pour le barbecue sont le plus souvent à base de tomate ou de sauce soja et leur saveur varie du sucré au goût de fumée et au très épicé, juste ce qu'il faut pour badigeonner du bœuf, du porc, du poulet, du poisson ou des légumes.

SAUCE TERIYAKI

À badigeonner sur des filets de saumon, des morceaux de poulet ou des biftecks.

Sauce soja	1 ½ c. à soupe	25 mL
Cassonade, tassée	1 c. à soupe	15 mL
Huile de cuisson	½ c. à thé	2 mL
Gingembre moulu	¹⁄₁₆ c. à thé	0,5 mL
Poudre d'ail, une pincée		

Combiner les 5 ingrédients dans un petit bol. Donne 30 mL (2 c. à soupe).

Photo à la page 7.

SAUCE ORIENTALE

Badigeonner de cette sauce des ailes de poulet partiellement cuites. Poursuivre la cuisson en badigeonnant de nouveau. Donne un beau glaçage.

Sauce soja	¼ tasse	60 mL
Cassonade, tassée	2 c. à soupe	30 mL
Poudre d'oignon	⅛ c. à thé	0,5 mL
Poudre d'ail	⅛ c. à thé	0,5 mL
Gingembre moulu	⅛ c. à thé	0,5 mL

Mélanger les 5 ingrédients ensemble dans un petit bol. Donne 75 mL (⅓ tasse).

Sauce teriyaki, page 6

SAUCE BARBECUE

Cette sauce rouge foncée, légèrement épicée, est élémentaire.

Beurre ou margarine dure	1 c. à soupe	15 mL
Oignon haché	½ tasse	125 mL
Ketchup	1 tasse	250 mL
Vinaigre blanc	⅓ tasse	75 mL
Eau	⅓ tasse	75 mL
Cassonade, tassée	3 c. à soupe	50 mL
Sauce Worcestershire	1 c. à thé	5 mL
Moutarde préparée	1 c. à thé	5 mL

Faire fondre le beurre dans une casserole et y faire revenir l'oignon jusqu'à ce qu'il soit tendre.

Ajouter les autres ingrédients. Laisser mijoter environ 20 minutes, en remuant de temps en temps, jusqu'à ce que la sauce épaississe. Donne 300 mL (1¼ tasse).

SAUCE BARBECUE SIMPLE

Cette sauce est très vite préparée, avec des ingrédients sortis du garde-manger.

Eau	1 tasse	250 mL
Ketchup	1 tasse	250 mL
Sachet de mélange à soupe à l'oignon	1 × 1½ oz	1 × 42 g
Sauce Worcestershire	1 c. à soupe	15 mL
Origan moulu	1 c. à thé	5 mL
Poudre d'ail	¼ c. à thé	1 mL
Basilic déshydraté	¼ c. à thé	1 mL
Jus de citron, frais ou en bouteille	2 c. à thé	10 mL

Verser les 8 ingrédients dans une casserole. Remuer. Chauffer à feu moyen. Remuer souvent, jusqu'à ébullition. Mijoter à découvert environ 10 minutes. Remuer souvent. Donne environ 325 mL (1⅓ tasse).

SAUCE BARBECUE

Cette sauce est simple, même si elle contient un peu plus d'ingrédients que d'autres.

Beurre ou margarine dure	1 c. à soupe	15 mL
Oignon, haché très fin	⅓ tasse	75 mL
Céleri, haché très fin	⅓ tasse	75 mL
Gousse d'ail, émincée	1	1
Sauce tomate	2 × 7½ oz	2 × 213 mL
Cassonade, tassée	2 c. à soupe	30 mL
Sauce Worcestershire	1 c. à soupe	15 mL
Vinaigre de vin rouge	¼ tasse	60 mL
Moutarde en poudre	1 c. à soupe	15 mL
Feuille de laurier	1	1
Jus d'orange	½ tasse	125 mL
Sauce piquante aux piments	¼ c. à thé	1 mL

Faire fondre le beurre dans une poêle à frire. Ajouter l'oignon, le céleri et l'ail et les faire revenir jusqu'à ce qu'ils soient tendres.

Ajouter les 8 ingrédients suivants. Remuer. Porter à ébullition. Laisser mijoter à découvert 10 minutes, en remuant de temps en temps. Jeter la feuille de laurier. Donne 625 mL (2½ tasses).

Photo ci-dessous.

SAUCE DE FRANCFORT

*Couper des saucisses cuites en morceaux de 2,5 cm (1 po) de long.
Les arroser de sauce ou servir celle-ci comme trempette, avec des
cure-dents pour piquer les morceaux de saucisse.*

Sauce chili	½ tasse	125 mL
Cassonade, tassée	2 c. à soupe	30 mL
Vinaigre blanc	2 c. à soupe	30 mL
Sauce Worcestershire	¼ c. à thé	1 mL
Poudre d'oignon	¼ c. à thé	1 mL

Mélanger les 5 ingrédients ensemble dans un petit bol. Donne 175 mL
(¾ tasse).

SAUCE À L'AIL

*Cette sauce donne un beau glaçage foncé pour les côtes levées ou
les boulettes.*

Cassonade, tassée	1 tasse	250 mL
Fécule de maïs	2 c. à soupe	30 mL
Poudre d'ail (ou 2 gousses, émincées)	½ c. à thé	2 mL
Eau	1 tasse	250 mL
Sauce soja	3 c. à soupe	50 mL

Combiner les 5 ingrédients dans une petite casserole. Chauffer,
en remuant, jusqu'à ébullition et épaississement. Donne 325 mL
(1 ⅓ tasse).

SAUCE POMPIER

Ajouter de la sauce piquante pour rendre cette sauce plus épicée.
À servir avec du steak.

Ketchup	⅓ **tasse**	**75 mL**
Sauce Worcestershire	1½ **c. à thé**	**7 mL**
Jus de citron, frais ou en bouteille	2 **c. à soupe**	**30 mL**
Moutarde en poudre	1 **c. à thé**	**5 mL**
Paprika	½ **c. à thé**	**2 mL**
Poivre	¼ **c. à thé**	**1 mL**
Sauce piquante aux piments	¼ à ½ **c. à thé**	**1 à 2 mL**
Beurre ou margarine dure	½ **tasse**	**125 mL**

Mélanger les 8 ingrédients dans une casserole. Déposer celle-ci sur le bord du barbecue ou chauffer à feu doux sur la cuisinière. Chauffer et remuer pour faire fondre le beurre. Donne 250 mL (1 tasse).

Photo ci-contre.

SAUCE À LA FUMÉE

Badigeonner cette sauce sur des ailes de poulet avant la cuisson.
Badigeonner de nouveau en cours de cuisson, jusqu'à ce que les
ailes soient à point.

Sucre granulé	1½ **c. à soupe**	**25 mL**
Sel	1 **c. à thé**	**5 mL**
Poivre	⅛ **c. à thé**	**0,5 mL**
Fécule de maïs	½ **c. à thé**	**2 mL**
Poudre d'oignon	¼ **c. à thé**	**1 mL**
Ketchup	3 **c. à soupe**	**50 mL**
Vinaigre blanc	1 **c. à soupe**	**15 mL**
Sauce Worcestershire	1½ **c. à thé**	**7 mL**
Fumée liquide	⅛ **c. à thé**	**0,5 mL**

Combiner les 5 premiers ingrédients dans un petit bol.

Y ajouter les 4 autres ingrédients. Bien remuer. Donne 75 mL (⅓ tasse).

SAUCE AU MIEL ET À LA MOUTARDE

On peut badigeonner cette sauce sur un jambon que l'on va cuire au barbecue ou au four.

Cassonade, tassée	½ tasse	125 mL
Miel liquide	2 c. à soupe	30 mL
Beurre ou margarine dure	½ tasse	125 mL
Sauce soja	2 c. à thé	10 mL
Moutarde préparée	2 c. à thé	10 mL

Mélanger les 5 ingrédients dans une petite casserole. Chauffer et remuer jusqu'à ce qu'ils soient mélangés et dissous. Donne environ 175 mL (¾ tasse).

SAUCE AU MIEL

Badigeonner les morceaux de poulet en fin de cuisson.

Miel liquide	⅓ tasse	75 mL
Moutarde préparée	1 c. à soupe	15 mL
Poudre de cari	½ c. à thé	2 mL

Mélanger tous les ingrédients ensemble dans un petit bol. Donne 150 mL (⅔ tasse).

Sauce cajun épicée, page 13

SAUCE CAJUN ÉPICÉE

On peut augmenter la dose de Cayenne au goût.

Ketchup	⅔ **tasse**	**150 mL**
Poivre de Cayenne	¼ **c. à thé**	**1 mL**
Poivre	⅛ **c. à thé**	**0,5 mL**
Poudre d'ail	⅛ **c. à thé**	**0,5 mL**
Poudre chili	⅛ **c. à thé**	**0,5 mL**

Mélanger les 5 ingrédients dans un petit bol. Donne 150 mL (⅔ tasse).

Photo à la page 12.

SAUCE À LA MODE DE BALI

Cette sauce rappelle une sauce aigre-douce. Elle relève fort bien le poulet.

Cassonade, tassée	½ **tasse**	**125 mL**
Sucre granulé	¼ **tasse**	**60 mL**
Fécule de maïs	¼ **tasse**	**60 mL**
Gingembre moulu	½ **c. à thé**	**2 mL**
Sel	½ **c. à thé**	**2 mL**
Poivre	¼ **c. à thé**	**1 mL**
Eau	**1 tasse**	**250 mL**
Vinaigre blanc	½ **tasse**	**125 mL**
Sauce soja	⅓ **tasse**	**75 mL**

Bien combiner les 6 premiers ingrédients dans une petite casserole.

Y incorporer l'eau, le vinaigre et la sauce soja. Chauffer le tout en remuant jusqu'à ce que la sauce bouille et épaississe. Donne 550 mL (2¼ tasses).

SAUCE POUR BADIGEONNER AU CITRON

On peut l'employer pour mariner ou pour badigeonner du poulet.

Jus de citron, frais ou en bouteille	⅓ **tasse**	**75 mL**
Huile de cuisson	⅓ **tasse**	**75 mL**
Vinaigre de vin blanc	⅓ **tasse**	**75 mL**
Sauce soja	½ **c. à thé**	**2 mL**
Sel	1 **c. à thé**	**5 mL**
Poivre	¼ **c. à thé**	**1 mL**
Thym moulu	¼ **c. à thé**	**1 mL**

Mélanger les 7 ingrédients ensemble dans une casserole.
Chauffer et remuer jusqu'à ébullition et épaississement. Laisser
mijoter 2 ou 3 minutes. Donne environ 250 mL (1 tasse).

SAUCE POUR BADIGEONNER

Badigeonner du bifteck de surlonge ou des cubes de bœuf de cette sauce.

Ketchup	⅓ **tasse**	**75 mL**
Vinaigre de cidre	¼ **tasse**	**60 mL**
Sauce soja	2 **c. à soupe**	**30 mL**
Mélasse légère	2 **c. à soupe**	**30 mL**

Mélanger les 4 ingrédients ensemble dans un petit bol. Donne 175 mL
(¾ tasse).

CONSEIL

On peut se servir
de pinceaux de soies
(pour la peinture)
pour badigeonner les
aliments. Ils sont en
effet moins coûteux
que les pinceaux
de cuisine.

Les sauces à la crème, également dites sauces blanches, sont servies le plus souvent avec des pâtes ou du poisson, mais elles conviennent également pour le bœuf, le porc, la volaille ou les légumes. Il suffit pour les préparer de faire d'abord une base ou un roux avec de la farine et un corps gras chaud (beurre, margarine ou huile). On peut mettre autant de farine que de corps gras ou alléger la sauce en mettant ¾ de corps gras pour une mesure de farine. Le roux est onctueux et épais. On ajoute ensuite du lait ou de la crème, des fines herbes ou autres assaisonnements, du fromage, du vin, du sherry ou du bouillon de poulet, au goût, pour donner à la sauce un goût bien personnel!

SAUCE AUX NOIX

Napper du poulet cuit ou des bouquets de brocoli de cette sauce.

Beurre ou margarine dure	2 c. à soupe	30 mL
Champignons frais, tranchés	2 tasses	500 mL
Farine tout usage	2 c. à soupe	30 mL
Sel	½ c. à thé	2 mL
Poivre	¼ c. à thé	1 mL
Poudre d'ail	¼ c. à thé	1 mL
Jus de pomme	¾ tasse	175 mL
Lait	1 tasse	250 mL
Noisettes tranchées, grillées au four à 350°F (175°C) environ 5 minutes	3 c. à soupe	50 mL

Faire fondre le beurre dans une poêle à frire. Y ajouter les champignons et les faire revenir jusqu'à ce qu'ils soient tendres.

Incorporer la farine, le sel, le poivre et la poudre d'ail. Ajouter le jus de pomme et remuer jusqu'à ce que la sauce bouille et épaississe. Laisser mijoter jusqu'à ce qu'elle soit très épaisse.

Incorporer le lait et les noisettes. Laisser mijoter environ 2 minutes. Donne 675 mL (2¾ tasses).

Photo à la page 19.

SAUCE À LA CRÈME

Cette recette de base se prête à de multiples adaptations. Les variantes sont toutes à essayer.

Beurre ou margarine dure	**2 c. à soupe**	**30 mL**
Farine tout usage	**2 c. à soupe**	**30 mL**
Sel	**¼ c. à thé**	**1 mL**
Poivre (ou poivre blanc), une pincée		
Lait	**1 tasse**	**250 mL**

Faire fondre le beurre dans une casserole. Incorporer la farine, le sel et le poivre. Ajouter le lait. Remuer jusqu'à ce que la sauce bouille et épaississe. Donne environ 250 mL (1 tasse).

SAUCE AU FROMAGE : Ajouter 125 mL (½ tasse) de cheddar fort ou mi-fort, râpé, à la recette précédente. On peut ajouter plus ou moins de fromage et de sel. On peut aussi employer 60 mL (¼ tasse) de préparation de fromage fondu.

SAUCE PERSILLÉE : Ajouter 30 mL (2 c. à soupe) de persil frais haché ou 7 mL (1½ c. à thé) de flocons de persil à la sauce à la crème.

SAUCE AU PARMESAN : Incorporer 75 mL (⅓ tasse) de parmesan râpé à la sauce à la crème.

SAUCE AUX ŒUFS : Ajouter 3 œufs durs hachés fin et 5 mL (1 c. à thé) de flocons de persil à la sauce à la crème.

SAUCE À LA CRÈME

La petite variante d'un grand classique.

Beurre ou margarine dure	**1½ c. à soupe**	**25 mL**
Farine tout usage	**1½ c. à soupe**	**25 mL**
Sel	**½ c. à thé**	**2 mL**
Poivre (ou poivre blanc)	**⅛ c. à thé**	**0,5 mL**
Gros œuf, battu à la fourchette	**1**	**1**
Lait	**¾ tasse**	**175 mL**

Faire fondre le beurre dans une casserole moyenne. Incorporer la farine, le sel et le poivre. Retirer du feu. Incorporer l'œuf au fouet. Remettre la casserole sur le feu.

Incorporer le lait en remuant jusqu'à ce que la sauce bouille et épaississe. Donne 250 mL (1 tasse).

SAUCE AUX CHAMPIGNONS

Napper de cette sauce du poulet frit ou cuit au four.

Beurre ou margarine dure	2 c. à soupe	30 mL
Champignons frais, tranchés	2 tasses	500 mL
Farine tout usage	2 c. à thé	10 mL
Bouillon de poulet en poudre	1 c. à thé	5 mL
Paprika	⅛ c. à thé	0,5 mL
Crème de table	¾ tasse	175 mL
Sauce soja	1 c. à thé	5 mL

Faire fondre le beurre dans une poêle à frire. Y faire revenir les champignons jusqu'à ce qu'ils soient tendres.

Incorporer la farine, le bouillon en poudre et le paprika. Ajouter la crème et la sauce soja et remuer jusqu'à ce que la sauce bouille et épaississe légèrement. Donne 500 mL (2 tasses).

SAUCE AU CITRON

Elle peut accompagner du poisson, des fruits de mer ou une volaille.

Beurre ou margarine dure	2 c. à soupe	30 mL
Farine tout usage	2 c. à soupe	30 mL
Sel	½ c. à thé	2 mL
Poivre (idéalement blanc), une pincée		
Poudre d'oignon	⅛ c. à thé	0,5 mL
Lait	1 tasse	250 mL
Jus de citron, frais ou en bouteille	2 c. à soupe	30 mL
Beurre ou margarine dure (facultatif)	2 c. à soupe	30 mL
Gros œuf (facultatif)	1	1

Faire fondre la première quantité de beurre dans une petite casserole. Incorporer la farine, le sel, le poivre et la poudre d'oignon.

Ajouter le lait et le jus de citron. Chauffer en remuant jusqu'à ce que la sauce bouille et épaississe. Servir tel quel ou ajouter les derniers ingrédients.

Verser la sauce dans le mélangeur. Ajouter la seconde quantité de beurre et l'œuf. Mélanger jusqu'à ce qu'il ne reste plus de grumeaux. Remettre le tout dans la casserole. Chauffer en fouettant jusqu'à ce que la sauce frémisse. Si la sauce se sépare, la travailler de nouveau dans le mélangeur. Donne 250 mL (1 tasse).

CONSEIL

Pour obtenir à tous les coups une sauce à la crème onctueuse, il faut bien combiner la farine avec le beurre fondu pour que le roux soit onctueux. On y incorpore alors doucement le lait ou un autre liquide, en remuant à feu très doux, et la sauce épaissit à mesure qu'on verse le lait.

SAUCE À L'ANETH

C'est la même sauce de base assaisonnée à l'aneth. Elle va à merveille avec un pâté au saumon ou des filets de saumon.

Margarine dure (le beurre brunit trop vite)	3 c. à soupe	50 mL
Oignon, haché fin	3 c. à soupe	50 mL
Farine tout usage	3 c. à soupe	50 mL
Sel	$\frac{1}{2}$ c. à thé	2 mL
Poivre	$\frac{1}{8}$ c. à thé	0,5 mL
Lait	$1\frac{1}{2}$ tasse	375 mL
Aneth	$\frac{1}{4}$ c. à thé	1 mL

Faire fondre la margarine dans une poêle à frire. Ajouter l'oignon et le faire revenir jusqu'à ce qu'il soit tendre.

Incorporer la farine, le sel et le poivre. Incorporer le lait en remuant jusqu'à ce que la sauce bouille et épaississe.

Ajouter l'aneth. Ajouter du lait au besoin pour liquéfier la sauce. Donne 425 mL ($1\frac{3}{4}$ tasse).

SAUCE À L'ANETH

Une version plus relevée, pour du porc ou des petits pois.

Beurre ou margarine dure	2 c. à soupe	30 mL
Farine tout usage	2 c. à soupe	30 mL
Aneth	$\frac{1}{2}$ c. à thé	2 mL
Cubes de bouillon de poulet	2 × $\frac{1}{5}$ oz	2 × 6 g
Eau bouillante	$1\frac{1}{2}$ tasse	375 mL
Crème sure	1 tasse	250 mL

Faire fondre le beurre dans une poêle à frire. Incorporer la farine et l'aneth.

Dissoudre les cubes de bouillon dans l'eau bouillante. Verser dans la poêle et remuer jusqu'à ce que la sauce bouille et épaississe.

Ajouter la crème sure. Remuer et réchauffer. Donne 625 mL ($2\frac{1}{2}$ tasses).

Photo à la page 19.

En haut : Sauce à l'aneth, page 18. En bas : Sauce aux noix, page 15.

SAUCE MOUTARDE

Elle est de rigueur avec un pâté au jambon ou avec du bœuf salé.

Oignon haché	⅓ **tasse**	**75 mL**
Beurre ou margarine dure	**2 c. à soupe**	**30 mL**
Farine tout usage	**1 c. à soupe**	**15 mL**
Sel	¼ **c. à thé**	**1 mL**
Lait	**1 tasse**	**250 mL**
Moutarde préparée	**1 c. à soupe**	**15 mL**
Jus de citron, frais ou en bouteille	**1 c. à soupe**	**15 mL**

Faire revenir l'oignon dans le beurre, dans une casserole, jusqu'à ce qu'il soit tendre.

Incorporer la farine et le sel.

Ajouter le lait, la moutarde et le jus de citron. Remuer jusqu'à ce que la sauce bouille et épaississe. Donne 250 mL (1 tasse).

SAUCE AU CARI

Elle remplace le sel avec une viande grillée ou du poisson. Cette variante contient moins de sel.

Margarine (le beurre brunit trop vite)	**1 c. à soupe**	**15 mL**
Oignon, haché fin	⅓ **tasse**	**75 mL**
Farine tout usage	**4 c. à thé**	**20 mL**
Poudre de cari	**1 c. à thé**	**5 mL**
Poivre	⅛ **c. à thé**	**0,5 mL**
Bouillon de poulet en sachet **(à teneur en sel réduite de 35 %)**	**1 × ¼ oz**	**1 × 6,5 g**
Eau	**1¼ tasse**	**275 mL**

Faire fondre la margarine dans une poêle à frire. Y faire revenir l'oignon jusqu'à ce qu'il soit tendre.

Ajouter la farine, le cari, le poivre et le bouillon en poudre. Mélanger. Incorporer l'eau en remuant. Chauffer en remuant jusqu'à ce que la sauce bouille et épaississe. Passer à l'étamine. Donne 175 mL (¾ tasse).

SAUCE AU CARDAMOME

Cette sauce couronne du poulet frit ou une viande panée.

Beurre ou margarine dure	1 c. à soupe	15 mL
Oignon, haché fin	3 c. à soupe	50 mL
Farine tout usage	1 c. à soupe	15 mL
Cardamome moulue	¼ c. à thé	1 mL
Gingembre moulu	⅛ c. à thé	0,5 mL
Jus d'ananas	½ tasse	125 mL
Sauce soja	1 c. à soupe	15 mL

Faire fondre le beurre dans une casserole. Y faire revenir l'oignon jusqu'à ce qu'il soit tendre.

Incorporer la farine, la cardamome et le gingembre.

Incorporer le jus d'ananas et la sauce soja et chauffer en remuant jusqu'à ce que la sauce bouille et épaississe. Donne tout juste 125 mL (½ tasse).

SAUCE AUX CHAMPIGNONS

Cette sauce est agréable avec du poulet, des boulettes ou un pain de viande. Elle contient de l'eau au lieu de lait ou de crème.

Beurre ou margarine dure	¼ tasse	60 mL
Farine tout usage	¼ tasse	60 mL
Sel	½ c. à thé	2 mL
Poivre	⅛ c. à thé	0,5 mL
Flocons de persil	1 c. à thé	5 mL
Bouillon de poulet en poudre	4 c. à thé	20 mL
Sauce Worcestershire	½ c. à thé	2 mL
Paprika	½ c. à thé	2 mL
Eau	2 tasses	500 mL
Champignons tranchés, en conserve, égouttés	½ tasse	125 mL

Faire fondre le beurre dans une casserole à feu moyen. Ajouter la farine, le sel, le poivre, le persil, le bouillon en poudre, la sauce Worcestershire et le paprika et remuer. Incorporer l'eau et les champignons en remuant jusqu'à ce que la sauce bouille et épaississe. Donne 500 mL (2 tasses).

SAUCE SOLEIL

Elle doit sa belle couleur joyeuse aux carottes. Elle est imbattable avec des légumes ou des pâtes.

Beurre ou margarine dure	2 c. à soupe	30 mL
Oignon, haché fin	¼ tasse	60 mL
Carottes, râpées fin	½ tasse	125 mL
Farine tout usage	2 c. à soupe	30 mL
Bouillon de poulet en poudre	1 c. à thé	5 mL
Eau	1 tasse	250 mL
Sel	¼ c. à thé	1 mL

Faire fondre le beurre dans une petite casserole. Incorporer l'oignon et les carottes et les faire revenir jusqu'à ce qu'ils soient tendres.

Ajouter la farine et le bouillon en poudre et remuer. Ajouter l'eau et le sel en remuant jusqu'à ce que la sauce bouille et épaississe. Donne environ 250 mL (1 tasse).

CONSEIL

La couleur du roux (et donc celle de la sauce) dépend du temps de cuisson de la farine dans le beurre. La farine commence à brunir environ 3 minutes après le début de la cuisson. Après 10 minutes, elle est foncée.

SAUCE MORNAY

Cette sauce subtile convient parfaitement à des filets de poisson.

Beurre ou margarine dure	¼ tasse	60 mL
Farine tout usage	¼ tasse	60 mL
Bouillon de poulet en poudre	1 c. à thé	5 mL
Lait écrémé évaporé (ou crème légère)	13½ oz	385 mL
Parmesan, râpé	⅓ tasse	75 mL

Faire fondre la beurre dans une casserole. Incorporer la farine et le bouillon en poudre. Ajouter le lait écrémé évaporé en remuant jusqu'à ce que la sauce bouille et épaississe.

Ajouter le parmesan. Remuer. Couvrir et retirer du feu. Donne 500 mL (2 tasses).

SAUCE AU CRABE

Cette sauce peut napper des pâtes, des toasts ou des barquettes de pâte feuilletée.

Beurre ou margarine dure	2 c. à soupe	30 mL
Farine tout usage	2 c. à soupe	30 mL
Sel	½ c. à thé	2 mL
Poivre	¼ c. à thé	1 mL
Poudre d'ail	⅛ c. à thé	0,5 mL
Lait	1¼ tasse	300 mL
Champignons tranchés, en conserve, égouttés	10 oz	284 mL
Chair de crabe (ou 1 boîte de 120 g, 4,2 oz, égouttée), membrane ôtée	1 tasse	250 mL
Cheddar mi-fort, râpé	½ tasse	125 mL
Vin blanc (ou vin sans alcool), facultatif, mais bon	1 c. à soupe	15 mL

Faire fondre le beurre dans une casserole. Incorporer la farine, le sel, le poivre et la poudre d'ail. Ajouter le lait en remuant jusqu'à ce que la préparation bouille et épaississe.

Incorporer les champignons, le crabe, le fromage et le vin. Réchauffer. Le fromage devrait être fondu. Donne 500 mL (2 tasses).

Photo ci-dessous.

SAUCE AUX CREVETTES

Cette sauce est à essayer avec du poulet ou des pâtes.

Beurre ou margarine dure	3 c. à soupe	50 mL
Farine tout usage	3 c. à soupe	50 mL
Sel	½ c. à thé	2 mL
Poivre	⅛ c. à thé	0,5 mL
Poudre d'oignon	⅛ c. à thé	0,5 mL
Aneth	⅛ c. à thé	0,5 mL
Lait	1 tasse	250 mL
Sauce à salade (ou mayonnaise)	¼ tasse	60 mL
Petites crevettes, en conserve, rincées et égouttées	4 oz	113 g

Faire fondre le beurre dans une casserole. Incorporer la farine, le sel, le poivre, la poudre d'oignon et l'aneth.

Incorporer le lait et la sauce à salade et chauffer en remuant jusqu'à ce que la sauce bouille et épaississe.

Incorporer doucement les crevettes. Réchauffer la sauce. Donne 425 mL (1¾ tasse).

SAUCE AUX CREVETTES

Cette variante transforme un poisson ordinaire en un vrai festin.

Beurre ou margarine dure	2 c. à soupe	30 mL
Farine tout usage	2 c. à soupe	30 mL
Sel	¼ c. à thé	1 mL
Poivre	⅛ c. à thé	0,5 mL
Bouillon de poulet en poudre	1 c. à thé	5 mL
Paprika	⅛ c. à thé	0,5 mL
Lait	1 tasse	250 mL
Petites crevettes cuites (ou 1 boîte de 113 g, 4 oz, rincées et égouttées)	1 tasse	250 mL
Sherry (ou sherry sans alcool)	2 c. à soupe	30 mL

Faire fondre le beurre dans une casserole. Incorporer les 5 prochains ingrédients. Ajouter le lait en remuant jusqu'à ce que la sauce bouille et épaississe.

Ajouter les crevettes et le sherry. Remuer. Réchauffer la sauce. Donne 375 mL (1½ tasse).

SAUCE AU CITRON

Cette sauce cuite au micro-ondes relève le poisson ou des légumes.

Beurre ou margarine dure	¼ tasse	60 mL
Oignon, haché fin	¼ tasse	60 mL
Farine tout usage	3 c. à soupe	50 mL
Jus de citron, frais ou en bouteille	2 c. à soupe	30 mL
Eau	¾ tasse	175 mL
Sel	¼ c. à thé	1 mL
Poivre	¹⁄₁₆ c. à thé	0,5 mL

Combiner le beurre et l'oignon dans une tasse graduée de 1 L (4 tasses). Cuire à découvert au micro-ondes, à puissance maximale (100 %), environ 4 minutes ou jusqu'à ce que l'oignon soit tendre. Remuer à mi-cuisson.

Incorporer la farine. Ajouter les derniers ingrédients. Cuire au micro-ondes, à découvert, à puissance maximale (100 %) environ 2 minutes jusqu'à ce que la sauce bouille et épaississe, en remuant après chaque minute de cuisson. Donne largement 250 mL (1 tasse).

Photo ci-dessous.

Quelles crêpe farcie de fruits, pointe de gâteau ou boule de crème glacée ne passent pas de l'ordinaire à l'exquis quand on les arrose d'une sauce onctueuse comme du velours et riche au goût? Ces sauces sucrées varient des crèmes anglaises aux coulis, de l'abricot au chocolat et du crémeux au figé. Elles peuvent être préparées à l'avance et conservées au congélateur (sauf les crèmes anglaises à base d'œufs).

SAUCE AU CHOCOLAT DELUXE

Cette sauce délicieuse se conserve une éternité. Une gâterie facile à garder à portée de main. On la sert avec de la crème glacée.

Brisures de chocolat mi-sucré	2 tasses	500 mL
Beurre ou margarine dure	½ tasse	125 mL
Granules de café instantané	1 c. à soupe	15 mL
Sel	⅛ c. à thé	0,5 mL
Vanille	1 c. à soupe	15 mL
Sucre à glacer	2 tasses	500 mL
Sirop de maïs léger	1 tasse	250 mL
Eau chaude	1 tasse	250 mL

Verser les 5 premiers ingrédients dans une casserole. Chauffer en remuant à feu moyen jusqu'à ce que la préparation soit lisse. Retirer du feu.

Incorporer en battant le sucre à glacer, le sirop de maïs et l'eau jusqu'à ce que la sauce soit lisse. Verser dans un bocal. Conserver au réfrigérateur. Donne 1,1 L (4½ tasses).

Photo à la page 27.

Dans le sens horaire, depuis le haut à droite :
Sauce aux bleuets, page 38 ; Sauce à l'érable et aux noix
de grenoble, page 30 ; Sauce au chocolat deluxe, page 26.

SAUCE AU FUDGE CHAUDE

Cette sauce est très chocolatée, foncée et onctueuse. On en arrose de la crème glacée ou du pain de Savoie.

Sucre granulé	1 tasse	250 mL
Cacao	½ tasse	125 mL
Sel, une pincée		
Lait évaporé	⅔ tasse	150 mL
Beurre ou margarine dure	¼ tasse	60 mL
Vanille	1 c. à thé	5 mL

Combiner les 6 ingrédients dans un poêlon. Chauffer en remuant jusqu'à ce que la préparation bouille à gros bouillons qui ne retombent pas lorsqu'on remue à la cuillère. Démarrer la minuterie. Remuer pendant 1 minute. La sauce est épaisse. Donne 375 mL (1½ tasse).

Photo ci-contre.

SAUCE AU CHOCOLAT

On la sert chaude ou froide. Froide, y ajouter quelques gouttes de lait pour lui donner la consistance voulue. Il suffit d'une minute pour préparer cette sauce au micro-ondes.

Brisures de chocolat mi-sucré	1 tasse	250 mL
Lait	⅓ tasse	75 mL
Vanille	¼ c. à thé	1 mL
Grand Marnier (facultatif, mais délicieux)	2 c. à thé	10 mL

Combiner les 4 ingrédients ensemble dans une tasse graduée de 500 mL (2 tasses). Chauffer au micro-ondes à découvert, à puissance maximale (100 %), environ 2 minutes, jusqu'à ce que le chocolat ait fondu et que la préparation soit lisse. Remuer après 1 minute de cuisson. Donne 220 mL (⅞ tasse).

SAUCE À FONDUE AU CHOCOLAT

Il suffit de trois ingrédients pour faire cette sauce lisse comme du satin. Elle peut être servie chaude ou froide.

Lait évaporé	1 tasse	250 mL
Brisures de chocolat mi-sucré	1½ tasse	375 mL
Vanille	1 c. à thé	5 mL

Mettre le lait, le chocolat et la vanille dans une casserole. Chauffer à feu moyen pour faire fondre le chocolat, jusqu'à ce qu'il se mélange à la cuillère aux autres ingrédients. Retirer du feu. Donne 400 mL (1⅔ tasse).

SAUCE AU CHOCOLAT FOUETTÉE

Elle est excellente comme garniture sur une tranche de gâteau des anges.

Crème à fouetter (ou 1 sachet de garniture)	1 tasse	250 mL
Sucre granulé	2 c. à thé	10 mL
Cacao	2 c. à soupe	30 mL
Vanille	½ c. à thé	2 mL

Fouetter la crème dans un petit bol. Y ajouter le sucre, le cacao et la vanille. Battre la crème jusqu'à ce qu'elle soit ferme. Donne 500 mL (2 tasses).

GARNITURE AU CHOCOLAT ET BEURRE D'ARACHIDES

Cette sauce doit toujours être servie chaude car elle épaissit beaucoup en refroidissant.

Brisures de chocolat mi-sucré	1 tasse	250 mL
Beurre d'arachides crémeux	½ tasse	125 mL
Lait évaporé	⅓ tasse	75 mL
Sirop de maïs	¼ tasse	60 mL

Combiner les 4 ingrédients dans une casserole. Chauffer en remuant jusqu'à ce que le chocolat ait fondu. Donne 250 mL (1 tasse).

CONSEIL

Ne jamais couvrir avec un couvercle ou une pellicule plastique du chocolat mis à fondre parce que la chaleur qui se dégage du chocolat provoque la formation de condensation sur le couvercle. Les gouttes d'eau ainsi formées tombent dans le chocolat et le font figer.

SAUCE À L'ÉRABLE ET AUX NOIX DE GRENOBLE

Cette sauce épaisse regorge de noix. Elle est de rigueur avec de la crème glacée. Il faut moins de 10 minutes pour la préparer au micro-ondes.

Cassonade, tassée	1 tasse	250 mL
Farine tout usage	¼ tasse	60 mL
Eau	1½ tasse	375 mL
Sirop de maïs	2 c. à soupe	30 mL
Beurre ou margarine dure	2 c. à soupe	30 mL
Essence d'érable	1 c. à thé	5 mL
Noix de Grenoble, hachées	1 tasse	250 mL

Combiner la cassonade et la farine dans une tasse graduée de 1 L (4 tasses). Bien remuer.

Incorporer l'eau, puis les autres ingrédients. Remuer. Cuire au micro-ondes, à découvert, à puissance maximale (100 %) environ 2 minutes. Remuer. Poursuivre la cuisson pendant environ 4 minutes, en remuant après chaque minute, jusqu'à ce que la sauce bouille et épaississe. Donne 650 mL (2⅔ tasses).

Photo à la page 27.

SAUCE À L'ÉRABLE ET AUX NOIX

Cette sauce rapidement faite se conserve jusqu'à trois semaines au réfrigérateur. À servir avec de la crème glacée.

Lait condensé sucré	11 oz	300 mL
Noix de Grenoble ou pacanes, hachées	2 c. à soupe	30 mL
Essence d'érable	½ c. à thé	2 mL

Combiner le lait, les noix et l'essence d'érable dans un bol. Donne 375 mL (1½ tasse).

SAUCE AU CARAMEL ÉCOSSAIS

Elle est imbattable avec de la crème glacée.

Cassonade, tassée	1 ½ tasse	375 mL
Farine tout usage	1 c. à soupe	15 mL
Sirop de maïs foncé	½ tasse	125 mL
Beurre ou margarine dure	2 c. à soupe	30 mL
Sel	⅛ c. à thé	0,5 mL
Lait évaporé	1 tasse	250 mL

Mettre la cassonade et la farine dans une casserole. Bien remuer.

Ajouter les autres ingrédients. Chauffer à feu moyen en remuant jusqu'à ce que la sauce commence à bouillir. Retirer du feu. La sauce épaissit en refroidissant. Ranger au réfrigérateur dans un récipient couvert. Donne 470 mL (1 ⅞ tasse).

Photo ci-contre.

SAUCE AU BEURRE D'ARACHIDES

Quel délice avec de la crème glacée!

Sucre granulé	1 tasse	250 mL
Farine tout usage	¼ tasse	60 mL
Lait	¾ tasse	175 mL
Beurre d'arachides crémeux	⅓ tasse	75 mL
Sirop de maïs	1 c. à soupe	15 mL

Mettre le sucre et la farine dans une casserole. Bien mélanger.

Ajouter les 3 prochains ingrédients. Bien mélanger. Cuire à feu moyen, en remuant, jusqu'à ébullition. Retirer du feu. Laisser refroidir. Donne 375 mL (1 ½ tasse).

CRÈME ANGLAISE

Elle sert à arroser des brioches.

Crème anglaise en poudre	1 c. à soupe	15 mL
Sucre granulé	1 c. à soupe	15 mL
Lait	1 tasse	250 mL
Vanille	½ c. à thé	2 mL

Bien combiner la crème anglaise en poudre et le sucre dans une casserole. Incorporer le lait et la vanille. Chauffer en remuant jusqu'à ce que la crème bouille et épaississe. Donne 250 mL (1 tasse).

Photo à la page 33.

SAUCE À LA CASSONADE

Elle couronne un gâteau blanc tout frais sorti du four ainsi que tous les poudings aux fruits cuits à la vapeur.

Cassonade, tassée	1 tasse	250 mL
Farine tout usage	¼ tasse	60 mL
Sel	½ c. à thé	2 mL
Eau	2 tasses	500 mL
Vanille	1 c. à thé	5 mL

Combiner la cassonade, la farine et le sel dans une casserole moyenne. Il est alors possible d'incorporer l'eau sans faire de grumeaux.

Incorporer l'eau et la vanille. Chauffer en remuant à feu moyen jusqu'à ce que la sauce bouille et épaississe. Donne environ 625 mL (2½ tasses).

SAUCE AU RHUM : Ajouter 5 mL (1 c. à thé) d'essence de rhum à la sauce. Il est aussi préférable d'employer de la cassonade foncée.

SAUCE AU RHUM ET AUX RAISINS SECS : Ajouter 5 mL (1 c. à thé) d'essence de rhum, 125 mL (½ tasse) de raisins secs et 10 mL (2 c. à thé) de zeste de citron râpé à la sauce. On peut aussi ajouter 125 mL (½ tasse) de pacanes hachées pour rendre la sauce très spéciale.

SAUCE AU POUDING AU CHOCOLAT : Incorporer 25 mL (1½ c. à soupe) de cacao au mélange de cassonade et de farine.

SAUCE AU POUDING À LA VANILLE : Préparer la sauce en employant du sucre granulé au lieu de la cassonade.

SAUCE À POUDING DE NOËL

D'un joli brun caramel, avec un mélange exquis de parfums. Elle peut accompagner n'importe quel pouding de Noël.

Cassonade, tassée	½ tasse	125 mL
Sucre granulé	½ tasse	125 mL
Fécule de maïs	3 c. à soupe	50 mL
Eau	1 tasse	250 mL
Beurre ou margarine dure	¼ tasse	60 mL
Jus de citron, frais ou en bouteille	2 c. à soupe	30 mL
Essence de rhum	1 c. à thé	5 mL

Combiner les 3 premiers ingrédients dans une casserole.

Ajouter l'eau. Remuer. Ajouter les 3 derniers ingrédients. Chauffer en remuant jusqu'à ce que la sauce bouille et épaississe. Donne 400 mL (1 ⅔ tasse).

Crème anglaise, page 32

SAUCE LIÉE AU BRANDY

On peut substituer cette sauce épaisse à une autre qui l'est moins pour arroser un pouding aux fruits cuit à la vapeur.

Beurre ou margarine dure	½ tasse	125 mL
Cassonade, tassée	1 tasse	250 mL
Vanille	1 c. à thé	5 mL
Essence de brandy	½ c. à thé	2 mL

Chauffer le beurre à puissance maximale (100 %) au micro-ondes pendant environ 20 secondes pour le ramollir. Ajouter les 3 autres ingrédients. Bien battre la sauce. La conserver au réfrigérateur dans un récipient couvert en attendant d'en avoir besoin. Donne 250 mL (1 tasse).

Photo à la page 35.

SAUCE PASTEL FIGÉE

On peut varier les couleurs et les formes. Préparer la sauce bien à l'avance et la conserver au réfrigérateur, intercalée dans des couches de papier ciré.

Beurre ou margarine dure, ramolli	¼ tasse	60 mL
Sucre à glacer	1 tasse	250 mL
Essence de vanille ou de brandy	1 c. à thé	5 mL
Lait, pour allonger la sauce		
Colorant alimentaire (facultatif)		

Battre ensemble le beurre, le sucre à glacer et la vanille. Ajouter un peu de lait, au besoin, pour liquéfier légèrement la sauce. Incorporer le colorant alimentaire avec les mains. Abaisser la préparation à environ 6 mm (¼ po) d'épaisseur sur une plaque à pâtisserie. Passer le rouleau à pâtisserie dessus pour l'égaliser. Réfrigérer. Se servir d'un emporte-pièce en forme d'arbre de Noël, d'étoile ou de boule pour couper la sauce, puis soulever les formes avec une spatule. Laisser les retailles mollir à la température de la pièce. Refaire les étapes précédentes. Donne tout juste 250 mL (1 tasse).

Sauce liée au brandy,
page 34

COULIS AUX FRAMBOISES

Le coulis ponctue admirablement un joli dessert. On peut le couler
dans l'assiette avant ou après y avoir disposé le dessert.

Framboises surgelées, non égouttées, dégelées	**15 oz**	**425 g**
Jus des framboises réservé		
Sucre granulé	**2 c. à soupe**	**30 mL**
Fécule de maïs	**4 c. à thé**	**20 mL**

Égoutter les framboises dans une passoire. Réserver le jus. Jeter la
chair et les graines.

Mesurer le jus recueilli. Il devrait y en avoir environ 250 mL (1 tasse). Ajouter
de l'eau pour faire 300 mL (1 ¼ tasse). Verser le tout dans une casserole.

Incorporer le sucre et la fécule de maïs. Chauffer en remuant jusqu'à
ce que la préparation bouille et épaississe. Laisser refroidir. Donne
300 mL (1 ¼ tasse).

Photo à la page 37.

COULIS AUX FRAISES : Employer des fraises surgelées tranchées
non égouttées au lieu des framboises.

Dans le sens horaire, depuis le haut à gauche :
Coulis aux framboises, page 35 ; Sauce à l'orange, page 36 ;
Sauce aux abricots, page 39.

SAUCE À L'ORANGE

Légère et veloutée, elle est dressée sur un gâteau blanc ou au chocolat,
des crêpes, un gâteau au fromage ou dans un moule en chocolat.

Jaune d'un gros œuf	1	1
Concentré de jus d'orange surgelé, dégelé	½ tasse	125 mL
Eau	1 tasse	250 mL
Zeste d'orange, râpé	1 c. à thé	5 mL
Jus de citron, frais ou en bouteille	2 c. à thé	10 mL
Beurre ou margarine dure	1 c. à soupe	15 mL
Sucre granulé	⅔ tasse	150 mL
Farine tout usage	2 c. à soupe	30 mL
Sel	¼ c. à thé	1 mL
Eau	¼ tasse	60 mL
Blanc d'un gros œuf, à la température de la pièce	1	1
Crème à fouetter	1 tasse	250 mL

Battre le jaune d'œuf à la cuillère dans un poêlon. Y ajouter le concentré de jus d'orange peu à peu. Incorporer la première quantité d'eau, le zeste, le jus de citron et le beurre. Porter à ébullition à feu moyen.

Combiner le sucre, la farine et le sel, puis y incorporer la seconde quantité d'eau. Ajouter le tout au mélange à l'orange, en remuant jusqu'à ce que la préparation bouille et épaississe. Laisser refroidir.

Monter le blanc d'œuf en neige ferme. Sans changer les fouets, fouetter la crème. Ajouter le blanc d'œuf battu, en pliant, au premier mélange refroidi, puis faire de même avec la crème fouettée. Donne 875 mL (3½ tasses).

Photo à la page 37.

SAUCE À L'ORANGE SIMPLE

Cette sauce peut être préparée d'avance car elle se conserve bien.

Jus d'orange	1 tasse	250 mL
Fécule de maïs	2 c. à soupe	30 mL
Sucre granulé	¾ tasse	175 mL
Zeste d'orange, râpé	1 c. à thé	5 mL

Mêler les 4 ingrédients dans une casserole. Chauffer en remuant à feu moyen jusqu'à ce que la sauce bouille et épaississe. Donne 300 mL (1¼ tasse).

SAUCE AUX BLEUETS

Elle est bonne avec des crêpes, des gaufres ou de la crème glacée.

Bleuets, frais ou surgelés	10 oz	284 g
Eau	½ tasse	125 mL
Sucre granulé	½ tasse	125 mL
Fécule de maïs	1 c. à soupe	15 mL
Jus de citron, frais ou en bouteille	1 c. à soupe	15 mL

Combiner les 5 ingrédients dans une casserole. Bien remuer. Chauffer en remuant à feu moyen jusqu'à ce que la préparation bouille. Laisser mijoter doucement environ 5 minutes, jusqu'à ce que les bleuets rendent leur jus. Donne 500 mL (2 tasses).

Photo à la page 27.

SAUCE AU CITRON

Cette sauce complète merveilleusement le gâteau au fromage ou, tiédie, le pain d'épices.

Sucre granulé	½ tasse	125 mL
Eau	1 tasse	250 mL
Jus de citron, frais ou en bouteille	3 c. à soupe	50 mL
Zeste de citron, râpé	1 c. à thé	5 mL
Beurre ou margarine dure	1 c. à soupe	15 mL
Sel	⅛ c. à thé	0,5 mL
Eau	¼ tasse	60 mL
Fécule de maïs	4 c. à thé	20 mL

Combiner les 6 premiers ingrédients dans une casserole. Porter à ébullition en remuant.

Délayer la fécule de maïs dans l'eau. Incorporer le tout au mélange chaud. Chauffer en remuant jusqu'à ce que la sauce épaississe. Laisser refroidir. Donne 375 mL (1½ tasse).

SAUCE À L'ANANAS

Pour que la sauce soit plus épaisse et fruitée, il suffit de ne pas y ajouter le jus d'ananas supplémentaire.

Ananas broyé, en conserve, non égoutté	14 oz	398 mL
Jus d'ananas	1 tasse	250 mL
Sucre granulé	1/3 tasse	75 mL
Fécule de maïs	4 c. à thé	20 mL

Combiner les 4 ingrédients dans une casserole. Chauffer en remuant jusqu'à ce que la sauce bouille et épaississe. Donne 675 mL (2¾ tasses).

Photo ci-contre.

SAUCE À L'ANANAS

Légèrement plus surette que la précédente, cette sauce peut être réfrigérée et servie comme trempette avec des fruits.

Jus d'ananas	1/4 tasse	60 mL
Fécule de maïs	2 c. à soupe	30 mL
Vinaigre blanc	1/4 tasse	60 mL
Sucre granulé	1/4 tasse	60 mL

Verser le jus d'ananas et les autres ingrédients dans une petite casserole. Porter à ébullition à feu moyen en remuant sans arrêt jusqu'à ce que la préparation épaississe. Donne environ 125 mL (½ tasse).

SAUCE AUX ABRICOTS

Elle peut être servie réchauffée ou froide avec des crêpes, de la crème glacée ou du gâteau.

Confiture d'abricots	1 tasse	250 mL
Jus d'orange	2 c. à soupe	30 mL
Essence de brandy	1/2 c. à thé	2 mL

Combiner les 3 ingrédients dans un petit bol. Donne 250 mL (1 tasse).

Photo à la page 37.

SAUCE AUX FRUITS

Elle est si simple et rapide à préparer. On la complète avec des fruits coupés en bouchées.

Fromage à la crème, ramolli	8 oz	250 g
Sucre granulé, sirop de maïs ou miel	¼ tasse	60 mL
Jus d'orange	½ tasse	125 mL

Battre ensemble les 3 ingrédients. On peut ajouter un peu plus de jus d'orange pour liquéfier la sauce, mais il ne faut pas qu'elle soit trop liquide car les morceaux de fruits dégagent aussi du jus. Donne tout juste 500 mL (2 tasses).

GARNITURE AUX FRUITS

Elle convient à n'importe quel dessert aux fruits ou comme trempette aux fruits. Le summum de la simplicité.

Crème à fouetter (ou 1 sachet de garniture)	1 tasse	250 mL
Yogourt aux framboises	1 tasse	250 mL

Fouetter la crème. Y incorporer le yogourt. Donne 750 mL (3 tasses).

SAUCE AUX FRUITS FACILE

La servir comme garniture ou comme trempette.

Yogourt nature ou crème sure	1 tasse	250 mL
Cassonade, tassée	2 c. à soupe	30 mL
Zeste d'orange, râpé (ou 15 mL, 1 c. à soupe, de Kahlua)	1 c. à thé	5 mL

Bien combiner les 3 ingrédients. Donne largement 250 mL (1 tasse).

CONSEIL

Les garnitures à base de crème fouettée doivent être servies dans les 3 ou 4 heures suivant la préparation, avant que la crème ne se sépare et se mette à «pleurer». Dans bien des cas, on peut remplacer la crème fouettée par de la garniture à fouetter en poudre, ce qui prolonge alors le temps de conservation.

Les sauces aux fruits s'accordent tout naturellement avec la saveur particulière du bœuf, du porc, du poisson et de la volaille. Bon nombre des recettes simples qui suivent contiennent du vinaigre ou du jus de citron pour compenser le sucre naturel des fruits, d'où des sauces qui sont à la fois sucrées et un peu aigres. Tous les cuisiniers seront ravis des merveilleux parfums que ces sauces prêtent aux aliments.

SAUCE AUX PRUNES

Cette sauce est foncée ou pâle selon que l'on emploie de la confiture de prunes foncées ou de prunes reine-claude. Elle est particulièrement savoureuse avec des rouleaux aux œufs ou du poulet.

Confiture de prunes	**1 tasse**	**250 mL**
Vinaigre de cidre	**3 c. à soupe**	**50 mL**
Sucre granulé	**2 c. à thé**	**10 mL**

Bien combiner les 3 ingrédients. Si le mélange contient beaucoup de peaux, le passer à la passoire. Donne largement 250 mL (1 tasse).

Photo ci-dessous.

À gauche : Sauce à l'orange, page 42. À droite : Sauce aux prunes, page 41.

SAUCE À L'ORANGE ET AUX OIGNONS VERTS

Servir cette sauce avec des filets ou des tranches de saumon cuits au four.

Eau	¼ **tasse**	60 mL
Jus d'orange	2 c. à soupe	30 mL
Vinaigre de vin rouge	2 c. à soupe	30 mL
Oignons verts, hachés	3 c. à soupe	50 mL
Bouillon de bœuf en poudre	½ c. à thé	2 mL

Combiner les 5 ingrédients ensemble dans une petite casserole. Porter à ébullition en remuant souvent. Laisser réduire environ de ½. Donne environ 60 mL (¼ tasse).

SAUCE À L'ORANGE

Arroser de sauce tiède des poulets de Cornouailles ou des morceaux de poulet.

Jus d'orange	1 tasse	250 mL
Sucre granulé	¼ tasse	60 mL
Jus de citron, frais ou en bouteille	1 c. à soupe	15 mL
Zeste d'orange, râpé	1 c. à thé	5 mL
Fécule de maïs	1 c. à soupe	15 mL
Eau	1 c. à soupe	15 mL

Chauffer les 4 premiers ingrédients dans une petite casserole, à feu moyen. Porter à ébullition.

Mélanger la fécule de maïs et l'eau. Incorporer au mélange de jus d'orange en remuant, jusqu'à ce que la sauce bouille et épaississe. Donne 300 mL (1¼ tasse).

Photo à la page 41.

COMPOTE DE POMMES

La compote maison est bien meilleure. Servir chaude ou froide.

Pommes à cuire moyennes (McIntosh conviennent bien), pelées, évidées et tranchées	4	4
Eau	½ tasse	125 mL
Sucre granulé	¼ tasse	60 mL
Cannelle moulue (facultative)		

Mettre les pommes et l'eau dans une casserole. Porter à ébullition. Couvrir et laisser mijoter à feu doux, en remuant de temps en temps, jusqu'à ce que les pommes soient tendres.

Ajouter le sucre. Retirer du feu. Ajouter du sucre au goût, et un peu d'eau, si désiré, pour délayer la compote. Pour parfumer la compote, y ajouter un peu de cannelle pendant qu'elle est encore chaude. Donne environ 500 mL (2 tasses).

COMPOTE DE POMMES AUX CANNEBERGES

Cette sauce convient pour le poulet, l'oie, le canard ou autre volaille ainsi que pour le porc.

Pommes à cuire moyennes (McIntosh conviennent bien), pelées, évidées et tranchées	5	5
Canneberges, fraîches ou surgelées	2 tasses	500 mL
Cassonade, tassée	1 tasse	250 mL
Cannelle moulue	¼ c. à thé	1 mL
Gingembre moulu	⅛ c. à thé	0,5 mL

Mettre tous les ingrédients dans une casserole. Porter à ébullition en remuant souvent. Laisser mijoter 25 minutes. Donne environ 625 mL (2 ½ tasses).

SAUCE AUX PÊCHES ET AU GINGEMBRE

On la sert avec du poisson poché, cuit au four ou frit ou encore avec des tranches de poisson.

Pêches tranchées, en conserve, non égouttées	14 oz	398 mL
Jus d'orange concentré surgelé	1 c. à soupe	15 mL
Jus de citron, frais ou en bouteille	1 c. à soupe	15 mL
Gingembre moulu	½ c. à thé	2 mL
Fécule de maïs	1 c. à soupe	15 mL

Mettre les 5 ingrédients dans le mélangeur. Travailler jusqu'à ce que la préparation soit lisse. Verser dans une casserole. Chauffer en remuant jusqu'à ce que la sauce bouille et épaississe. Donne 400 mL (1⅔ tasse).

SAUCE AUX RAISINS SECS

Elle accompagne bien un jambon ou un rôti de porc.

Raisins secs	½ tasse	125 mL
Eau chaude	2 tasses	500 mL
Cassonade, tassée	1⅓ tasse	325 mL
Fécule de maïs	¼ tasse	60 mL
Eau	½ tasse	125 mL
Vinaigre blanc	3 c. à soupe	50 mL
Moutarde en poudre	¼ c. à thé	1 mL

Verser les raisins secs et l'eau chaude dans une casserole moyenne. Laisser reposer 1 heure.

Y incorporer la cassonade et la fécule de maïs en remuant. Ajouter l'eau, le vinaigre et la moutarde. Chauffer à feu moyen, en remuant, jusqu'à ce que la sauce bouille et épaississe. Donne 500 mL (2 tasses).

Les boulettes, qui plaisent autant comme hors-d'œuvre que comme plat de résistance, se distinguent par un simple choix de sauce. Elles sont très pratiques à préparer puisqu'on peut les cuire directement dans la sauce ou les faire dorer et les réchauffer ensuite dans la sauce. On peut doubler les recettes et servir le reste de sauce sur du riz, des pommes de terre ou des pâtes!

SAUCE À LA MOUTARDE

Elle est délicieuse avec des boulettes ou du jambon.

Farine tout usage	2 c. à soupe	30 mL
Lait écrémé	¾ tasse	175 mL
Lait écrémé en poudre	⅓ tasse	75 mL
Moutarde préparée	3½ c. à thé	17 mL
Poudre d'oignon	¼ c. à thé	1 mL
Vinaigre blanc	4 c. à thé	20 mL
Édulcorant liquide (ou 15 mL, 1 c. à soupe, de sucre granulé)	1 c. à thé	5 mL
Sel	⅛ c. à thé	0,5 mL

Délayer la farine dans une petite quantité de lait jusqu'à ce qu'il n'y ait plus de grumeaux. Ajouter le reste du lait ainsi que les autres ingrédients. Chauffer en remuant jusqu'à ce que la sauce bouille et épaississe. Conserver au réfrigérateur. Réchauffer avant de servir. Donne 175 mL (¾ tasse).

SAUCES POUR BOULETTES HORS-D'ŒUVRE

On peut verser ces sauces sur des petites boulettes placées dans un plat-réchaud ou un autre chauffe-plats. Ne pas oublier les cure-dents pour piquer les boulettes.

SAUCE AUX ARACHIDES

Beurre d'arachides crémeux	¼ tasse	60 mL
Eau	½ tasse	125 mL
Cassonade, tassée	2 c. à soupe	30 mL
Sauce soja	1 c. à soupe	15 mL
Jus de citron, frais ou en bouteille	2 c. à thé	10 mL
Piments rouges, broyés	½ c. à thé	2 mL
Poudre d'ail (ou 1 gousse, émincée)	¼ c. à thé	1 mL

Combiner tous les ingrédients dans une casserole. Laisser mijoter 5 minutes. Donne 175 mL (¾ tasse).

SAUCE BARBECUE AUX CHAMPIGNONS

Crème de champignons condensée, en conserve	10 oz	284 mL
Conserve remplie de sauce barbecue	10 oz	284 mL

Combiner la crème de champignons et la sauce barbecue dans une petite casserole. Chauffer en remuant. Donne 550 mL (2¼ tasses).

SAUCE AU FROMAGE ET AUX CHAMPIGNONS

Crème de champignons condensée, en conserve	10 oz	284 mL
Fromage à la crème	8 oz	250 g
Lait	½ tasse	125 mL

Chauffer en remuant les 3 ingrédients dans une casserole. Donne 625 mL (2½ tasses).

SAUCE ROUGE SUCRÉE

Sauce chili	1 tasse	250 mL
Mélasse légère	¼ tasse	60 mL
Vinaigre blanc	¼ tasse	60 mL

Chauffer en remuant les 3 ingrédients dans une casserole. Donne
375 mL (1½ tasse).

SAUCE CHILI AUX RAISINS

Sauce chili	1¼ tasse	300 mL
Gelée de raisins	1 tasse	250 mL
Jus de citron, frais ou en bouteille	1 c. à thé	5 mL

Combiner les 3 ingrédients dans une casserole. Laisser mijoter
5 minutes. Donne 560 mL (2¼ tasses).

SAUCE TOMATE

Sauce tomate	7½ oz	213 mL
Ketchup	½ tasse	125 mL
Relish de cornichons sucrés	2 c. à soupe	30 mL
Cassonade, tassée	2 c. à soupe	30 mL
Vinaigre blanc	1 c. à soupe	15 mL
Flocons d'oignon déshydratés	2 c. à thé	10 mL
Sauce Worcestershire	1 c. à thé	5 mL

Chauffer en remuant les 7 ingrédients dans une casserole. Donne
500 mL (2 tasses).

SAUCE CHILI ET TOMATE

Tomates en conserve, non égouttées, écrasées	2 × 14 oz	2 × 398 mL
Poudre chili	2 c. à thé	10 mL
Sel	1 c. à thé	5 mL

Chauffer en remuant les 3 ingrédients dans une casserole. Donne
175 mL (¾ tasse).

SAUCE AIGRE-DOUCE

C'est la trempette à hors-d'œuvre à servir avec des boulettes.

Cassonade, tassée	1 tasse	250 mL
Fécule de maïs	2 c. à soupe	30 mL
Vinaigre blanc	½ tasse	125 mL
Jus d'ananas (ou eau)	½ tasse	125 mL

Combiner la cassonade et la fécule de maïs dans une casserole.
Ajouter le vinaigre et le jus d'ananas. Porter à ébullition à feu moyen,
en remuant sans arrêt, jusqu'à ce que la préparation épaississe.
Donne 325 mL (1⅓ tasse).

SAUCE AIGRE-DOUCE

Foncée, elle est délicieuse avec des boulettes ou des côtes levées.

Cassonade, tassée	2 tasses	500 mL
Farine tout usage	2 c. à thé	10 mL
Vinaigre blanc	½ tasse	125 mL
Eau	⅓ tasse	75 mL
Sauce soja	2 c. à soupe	30 mL
Ketchup	2 c. à soupe	30 mL

Dans une petite casserole, bien combiner la cassonade et la farine.
Incorporer le vinaigre, l'eau, la sauce soja et le ketchup. Chauffer à feu
moyen, en remuant, jusqu'à ce que la sauce bouille et épaississe.
Donne 175 mL (¾ tasse).

SAUCE AIGRE-DOUCE LÉGÈRE

Elle doit son nom à sa couleur, jolie et pâle.

Sucre granulé	1 tasse	250 mL
Eau	¾ tasse	175 mL
Vinaigre blanc	¾ tasse	175 mL
Fécule de maïs	2 c. à soupe	30 mL
Paprika	1 c. à thé	5 mL
Sel	½ c. à thé	2 mL

Combiner les 6 ingrédients dans une casserole. Chauffer en remuant.
Donne 425 mL (1¾ tasse).

CONSEIL

Congeler les
boulettes et la
sauce séparément
pour pouvoir
réchauffer la sauce
et la remuer avant
de la combiner avec
les boulettes.

Ces merveilleuses et savoureuses sauces conviennent à pratiquement n'importe quel plat. Elles sont toutes très simples à préparer et bon nombre n'ont même pas besoin d'être cuites ou chauffées, il suffit simplement d'en combiner les ingrédients, de remuer et de servir (mais il ne faut pas les congeler).

SAUCE COCKTAIL POUR FRUITS DE MER

Idéale avec des crevettes ou d'autres fruits de mer.

Pâte de tomates	¼ tasse	60 mL
Sauce à salade hypocalorique	¼ tasse	60 mL
(ou mayonnaise)		
Lait écrémé	¼ tasse	60 mL
Jus de citron, frais ou en bouteille	1 c. à thé	5 mL
Sauce Worcestershire	½ c. à thé	2 mL
Raifort commercial	½ c. à thé	2 mL

Mêler les 6 ingrédients dans un petit bol. On peut augmenter la quantité de raifort au goût. Conserver au réfrigérateur. Donne 175 mL (¾ tasse).

SAUCE POUR FRUITS DE MER

Cette sauce convient avec le traditionnel cocktail de crevettes.

Sauce chili	½ tasse	125 mL
Ketchup	⅓ tasse	75 mL
Relish de cornichons sucrés	2 c. à soupe	30 mL
Raifort commercial	1 c. à thé	5 mL
Sauce Worcestershire	½ c. à thé	2 mL
Jus de citron, frais ou en bouteille	½ c. à thé	2 mL
Sel assaisonné	¼ c. à thé	1 mL

Combiner les 7 ingrédients dans un petit bol. Réfrigérer en attendant le moment d'assembler le plat. Donne 175 mL (¾ tasse).

Photo ci-contre.

SAUCE MOUTARDÉE À L'ANETH

Une sauce sans cuisson, qui convient pour le poisson ou les fruits de mer. On peut la servir sur-le-champ, mais elle a plus de goût après une heure au réfrigérateur.

Crème sure	1 tasse	250 mL
Sauce à salade (ou mayonnaise)	1 tasse	250 mL
Lait	¼ tasse	60 mL
Raifort commercial	1 c. à soupe	15 mL
Moutarde en poudre	½ c. à thé	2 mL
Aneth	½ c. à thé	2 mL
Sucre granulé	¼ c. à thé	1 mL
Sel	½ c. à thé	2 mL

Bien combiner les 8 ingrédients. Donne largement 500 mL (2 tasses).

SAUCE AUX CONCOMBRES

Une sauce pour tous les poissons.

Crème sure	½ tasse	125 mL
Sauce à salade (ou mayonnaise)	¼ tasse	60 mL
Ciboulette	2 c. à thé	10 mL
Flocons de persil	2 c. à thé	10 mL
Jus de citron, frais ou en bouteille	1 c. à thé	5 mL
Sel	¼ c. à thé	1 mL
Poudre d'oignon	¼ c. à thé	1 mL
Concombre moyen, non pelé, tranché en deux sur la longueur, vidé et râpé	1	1

Combiner les 7 premiers ingrédients dans un petit bol. Réfrigérer.

Égoutter complètement le concombre râpé. L'ajouter au mélange de crème sure peu avant de servir pour ne pas liquéfier la sauce. Donne environ 325 mL (1⅓ tasse).

Photo à la page 52.

SAUCE TARTARE

Sans laquelle tout poisson est incomplet.

Sauce à salade (ou mayonnaise)	1 tasse	250 mL
Cornichons à l'aneth, hachés (ou relish de cornichons sucrés)	¼ tasse	60 mL
Jus de citron, frais ou en bouteille	1 c. à soupe	15 mL
Piments doux, hachés (ou olives farcies, hachées)	1 c. à thé	5 mL
Flocons de persil	1 c. à thé	5 mL
Poudre d'oignon	⅛ c. à thé	0,5 mL

Combiner les 6 ingrédients dans un petit bol. Réfrigérer en attendant de servir. Donne 300 mL (1¼ tasse).

SAUCE TARTARE À L'ANETH

Elle est délicieuse comme trempette avec des champignons ou des morceaux de poisson.

Sauce à salade (ou mayonnaise)	¾ tasse	175 mL
Relish de cornichons sucrés	¼ tasse	60 mL
Jus de citron, frais ou en bouteille	1 c. à soupe	15 mL
Aneth	½ c. à thé	2 mL

Combiner les 4 ingrédients dans un petit bol. Donne 250 mL (1 tasse).

SAUCE AU CARI

Cette sauce onctueuse peut être servie chaude avec du poulet ou comme sauce avec du riz ou des pâtes cuits et refroidis.

Sauce à salade ou mayonnaise	1 tasse	250 mL
Poudre de cari	1 c. à soupe	15 mL
Jus de citron, frais ou en bouteille	½ c. à thé	2 mL
Paprika	½ c. à thé	2 mL
Poudre d'oignon	⅛ c. à thé	0,5 mL

Combiner les 5 ingrédients dans un petit bol. Donne 250 mL (1 tasse).

Photo à la page 52.

FAUSSE SAUCE HOLLANDAISE

Une sauce à cuire au micro-ondes qui réussit à chaque fois. En arroser des asperges, du brocoli ou d'autres légumes.

Crème sure	½ **tasse**	125 mL
Sauce à salade (ou mayonnaise)	½ **tasse**	125 mL
Jus de citron, frais ou en bouteille	2 c. à thé	10 mL
Moutarde préparée	1 c. à thé	5 mL

Combiner les 4 ingrédients dans une tasse graduée de 500 mL (2 tasses) faite de verre. Remuer. Cuire au micro-ondes à découvert, à puissance maximale (100 %), quelque 2 minutes jusqu'à ce que la sauce soit chaude, en remuant après 1 minute de cuisson. Donne 250 mL (1 tasse).

SAUCE HOLLANDAISE

Une sauce crémeuse aux crevettes et aux champignons. En arroser des filets de poisson cuits au four.

Gros jaunes d'œufs	3	3
Beurre ou margarine dure, fondu	1 tasse	250 mL
Jus de citron, frais ou en bouteille	1 c. à soupe	15 mL
Crevettes cuites, hachées	1 tasse	250 mL
Champignons frais, hachés fin	½ tasse	125 mL
Paprika	¼ c. à thé	1 mL
Sel	¼ c. à thé	1 mL
Poivre	⅛ c. à thé	0,5 mL

Mettre les jaunes d'œufs dans la partie supérieure d'un bain-marie, au-dessus d'un bain d'eau très chaude, mais non bouillante. Remuer. Ajouter le beurre fondu très lentement en remuant sans arrêt jusqu'à ce que la sauce épaississe. Ajouter le jus de citron. Remuer.

Ajouter les crevettes et les champignons. Incorporer le paprika, le sel et le poivre. Réchauffer. Donne 560 mL (2 ¼ tasses).

CONSEIL

Pour qu'une sauce hollandaise ne tourne pas, il faut la cuire à feu très doux et en remuant lentement.

En haut : Sauce au cari, page 51. En bas : Sauce aux concombres, page 50.

SAUCE AUX POIVRONS ROUGES

Servir cette sauce avec des pâtes ou des filets de poisson.

Margarine dure (le beurre brunit trop vite)	2 c. à soupe	30 mL
Poivron rouge, haché fin	1	1
Oignons verts, hachés	¼ tasse	60 mL
Lait écrémé évaporé (ou crème à fouetter)	1 tasse	250 mL
Sel	½ c. à thé	2 mL
Fécule de maïs	1 c. à soupe	15 mL
Eau	2 c. à soupe	30 mL

Faire fondre la margarine dans une petite casserole. Ajouter le poivron et les oignons verts et les faire revenir jusqu'à ce qu'ils soient tendres.

Ajouter le lait évaporé. Remuer. Porter à ébullition.

Délayer le sel et la fécule de maïs dans l'eau, dans une petite tasse. Incorporer le tout à la sauce et chauffer en remuant jusqu'à ce qu'elle bouille et épaississe. Donne 425 mL (1 ¾ tasse).

SAUCE AU PERSIL

Elle est juste assez relevée pour accompagner le poisson. Une bonne alternative à la sauce tartare.

Sauce à salade (ou mayonnaise)	1 tasse	250 mL
Vinaigre de vin rouge	2 c. à soupe	30 mL
Jus de citron, frais ou en bouteille	2 c. à soupe	30 mL
Lait	2 c. à soupe	30 mL
Persil en flocons	1 c. à soupe	15 mL
Sel	½ c. à thé	2 mL
Poivre	⅛ c. à thé	0,5 mL

Bien combiner les 7 ingrédients. Réfrigérer une nuit pour que les goûts se marient. On peut servir la sauce froide comme trempette ou réchauffée comme sauce. Donne 400 mL (1 ⅔ tasse).

SAUCE AU RAIFORT

À servir avec du bœuf au lieu du raifort traditionnel.

Sauce à salade (ou mayonnaise)	1 tasse	250 mL
Crème sure	½ tasse	125 mL
Oignons verts, hachés fin	2 c. à soupe	30 mL
Raifort commercial	1½ c. à soupe	25 mL
Sel	½ c. à thé	2 mL
Poivre	⅛ c. à thé	0,5 mL

Verser les 6 ingrédients dans un petit bol. Bien combiner le tout. Donne 375 mL (1½ tasse).

Variante : Incorporer 1 mL (¼ c. à thé) de poudre de cari.

SAUCE STROGANOV

Cette sauce est servie avec des nouilles plates ou des boulettes.

Eau	1¼ tasse	300 mL
Fécule de maïs	4 c. à thé	25 mL
Bouillon de bœuf en poudre	1 c. à soupe	15 mL
Champignons frais, tranchés, sautés à la poêle	¼ tasse	60 mL
Crème sure	⅔ tasse	175 mL

Combiner les 5 ingrédients dans une casserole. Porter à ébullition en remuant. Donne 500 mL (2 tasses).

SAUCE À LA MENTHE

Il faut servir cette sauce chaude avec de l'agneau.

Feuilles de menthe sèches, écrasées	1 c. à soupe	15 mL
Eau bouillante	¼ tasse	60 mL
Vinaigre blanc	2 c. à soupe	30 mL
Sucre granulé	2 c. à thé	10 mL

Mélanger les 4 ingrédients dans une petite casserole. Porter à ébullition. Laisser mijoter environ 2 minutes. Donne 75 mL (⅓ tasse).

Ces trois sauces au fromage qui se préparent rapidement sont délicieuses avec du poisson, des légumes, un bifteck ou des pâtes. Il faut les préparer à l'avance pour qu'elles reposent au moins 4 heures au réfrigérateur, ce qui laisse aux saveurs le temps de se mêler pour donner des sauces distinctives. Quand on attend beaucoup d'invités, il suffit de doubler ou de tripler les proportions pour servir un festin!

SAUCE AU FROMAGE

Une petite sauce simple et veloutée qui rehausse le poisson.

Crème de champignons, condensée	10 oz	284 mL
Cheddar mi-fort, râpé	½ tasse	125 mL
Crème ou lait	2 c. à soupe	30 mL

Mélanger la soupe, le fromage et la crème dans une petite casserole. Réserver sur le côté du gril du barbecue ou à feu doux sur la cuisinière. Remuer souvent. Donne 325 mL (1⅓ tasse).

SAUCE AU BLEU

Cette sauce est subtile et légèrement parfumée au fromage. Elle convient à tous les poissons ou peut être dressée sur un bifteck.

Crème sure	1 tasse	250 mL
Fromage à la crème, ramolli	4 oz	125 g
Bleu, émietté	3 c. à soupe	50 mL
Sel à l'oignon	¼ c. à thé	1 mL

Combiner les 4 ingrédients dans un bol. Bien battre jusqu'à ce que la sauce soit homogène. Réfrigérer. Donne environ 375 mL (1½ tasse).

SAUCE AU PARMESAN

Arroser des tortellini ou autres pâtes de cette sauce.

Crème à fouetter	**1 tasse**	**250 mL**
Beurre ou margarine dure	**1 c. à soupe**	**15 mL**
Parmesan râpé	**$2/3$ tasse**	**150 mL**
Persil frais, haché	**$1/4$ tasse**	**60 mL**
Sel	**$1/8$ c. à thé**	**0,5 mL**

Combiner les 5 ingrédients dans une casserole. Laisser frémir à feu doux. Donne 400 mL ($1\,2/3$ tasse).

Photo ci-dessous.

Rien ne relève mieux un plat qu'une délicieuse sauce à base de tomates! Les recettes bien relevées qui suivent donnent des sauces parfaites pour les pâtes, la pizza, les boulettes, le poisson ou la volaille. On peut gagner du temps en doublant ou en triplant les proportions et en congelant les sauces.

SAUCE SPAGHETTI

La servir avec des pâtes. Comme variante, on peut cuire des boulettes de viande dans la sauce pendant que celle-ci mijote.

Oignon haché	1 tasse	250 mL
Tomates, en conserve, non égouttées, écrasées	28 oz	796 mL
Pâte de tomates	5 $\frac{1}{2}$ oz	156 mL
Champignons tranchés, égouttés	10 oz	284 mL
Sucre granulé	2 c. à thé	10 mL
Persil en flocons	1 c. à thé	5 mL
Sel	1 c. à thé	5 mL
Poivre	$\frac{1}{4}$ c. à thé	1 mL
Feuille de laurier	1	1

Verser les 9 ingrédients dans une grande casserole. Mélanger. Laisser mijoter la sauce à découvert pendant 20 minutes, en remuant de temps en temps. Couvrir et laisser mijoter 20 à 25 minutes de plus. Retirer la feuille de laurier. Donne 1,1 L (4 $\frac{1}{2}$ tasses).

SAUCE SPAGHETTI

*C'est la version à la viande. Habituellement servie avec du spaghetti,
elle est également bonne avec des pommes de terre ou du riz.*

Bœuf haché	1½ lb	680 g
Sachet de préparation pour sauce spaghetti	1 × 1½ oz	1 × 42 g
Pâte de tomates	5½ oz	156 mL
Morceaux de champignons, en conserve, non égouttés	10 oz	284 mL
Tomates, en conserve, non égouttées	19 oz	540 mL
Oignon moyen, tranché	1	1
Sel d'ail	¼ c. à thé	1 mL
Sel	½ c. à thé	2 mL
Poivre	¼ c. à thé	1 mL

Faire revenir le bœuf dans une poêle à frire jusqu'à ce qu'il soit cuit. Le verser dans une grande casserole.

Ajouter les autres ingrédients. Remuer. Porter à ébullition. Laisser mijoter environ 1 heure. Donne 1 L (4 tasses).

Photo ci-dessous.

CONSEIL

Congeler des tomates mûres, non pelées, dans des sacs, à raison d'environ 5 par sac (ce qui équivaut à environ une boîte de 398 mL, 14 oz). Au moment de préparer une sauce tomate, il suffit de dégeler les tomates, de les diviser et d'en ôter la peau. Les tomates sont alors ramollies et leur texture est parfaite pour n'importe laquelle des recettes fournies ici.

En haut : Sauce marinara, page 64. En bas : Sauce au poulet, page 60.

SAUCE AU POULET

Servir cette sauce sur des pâtes ou l'inclure dans une lasagne au lieu de la sauce au bœuf traditionnelle.

Beurre ou margarine dure	2 c. à soupe	30 mL
Oignon, haché fin	1 tasse	250 mL
Poulet haché, non cuit (ou poulet cuit, haché)	1¼ lb	560 g
Bouillon de poulet condensé	10 oz	284 mL
Champignons tranchés, en conserve, égouttés	10 oz	284 mL
Tomates, en conserve, non égouttés, défaites	14 oz	398 mL
Pâte de tomates	5½ oz	156 mL
Basilic déshydraté	1 c. à thé	5 mL
Poudre d'ail	¼ c. à thé	1 mL
Origan entier	½ c. à thé	2 mL
Sel	¾ c. à thé	4 mL
Poivre	¼ c. à thé	1 mL

Faire fondre le beurre dans une grande casserole. Y faire revenir l'oignon et le poulet jusqu'à ce qu'ils soient dorés.

Ajouter les autres ingrédients. Remuer. Porter à ébullition. Laisser mijoter à découvert environ 20 minutes. Donne 1,5 L (6 tasses).

Photo à la page 61.

SAUCE TOMATE

Il ne manque plus que des pâtes ou un pain de viande.

Sauce tomate	2 × 7½ oz	2 × 213 mL
Oignon, haché fin	1½ tasse	375 mL
Origan entier	½ c. à thé	2 mL
Persil en flocons	½ c. à thé	2 mL
Poudre d'ail	¼ c. à thé	1 mL

Mettre les 5 ingrédients dans une casserole. Porter à ébullition en remuant souvent. Laisser la sauce mijoter environ 20 minutes, jusqu'à ce qu'elle épaississe. Donne 500 mL (2 tasses).

SAUCE TOMATE

Il est tout indiqué de préparer cette recette quand il est plus pratique d'utiliser des tomates en conserve plutôt que des fraîches. Donne une bonne sauce qui peut être ajoutée à de nombreux plats.

Huile de cuisson	2 c. à soupe	30 mL
Oignon, haché fin	1½ tasse	375 mL
Gousse d'ail, émincée	1	1
Tomates, en conserve, non égouttées, écrasées	2 × 19 oz	2 × 540 mL
Sauce tomate	7½ oz	213 mL
Persil en flocons	1 c. à soupe	15 mL
Sucre granulé	1 c. à soupe	15 mL
Sel	1½ c. à thé	7 mL
Sel assaisonné	1½ c. à thé	7 mL
Poivre	¼ c. à thé	1 mL
Origan entier	1 c. à thé	5 mL
Basilic déshydraté	1 c. à thé	5 mL

Faire chauffer l'huile dans un faitout, à feu moyen. Y ajouter l'oignon et l'ail et les faire revenir jusqu'à ce qu'ils soient tendres, environ 5 minutes.

Verser les autres ingrédients dans le faitout. Remuer. Porter à ébullition et laisser bouillir à découvert environ 1 heure, en remuant de temps en temps, jusqu'à obtenir la consistance souhaitée. Donne environ 1 L (4 tasses).

SAUCES À LA TOMATE ET À LA TOMATE ET LA VIANDE

SAUCE À PIZZA

La recette suffit pour 2 grosses pizzas. On peut congeler le reste, le cas échéant.

Beurre ou margarine dure	1 c. à soupe	15 mL
Petit oignon, grossièrement haché	1	1
Tomates, en conserve, non égouttées	19 oz	540 mL
Feuille de laurier	1	1
Sucre granulé	1 c. à thé	5 mL
Origan moulu	½ c. à thé	2 mL
Sel	1 c. à thé	5 mL
Poivre, une petite pincée		

Faire chauffer le beurre dans une grande casserole. Y faire revenir l'oignon jusqu'à ce qu'il soit tendre.

Ajouter les 6 derniers ingrédients. Porter à ébullition. Couvrir. Laisser cuire à feu doux environ 30 minutes, en remuant de temps en temps, jusqu'à ce que la sauce ait légèrement épaissi. Jeter la feuille de laurier. Retirer du feu. Donne 560 mL (2¼ tasses).

SAUCE À LA VIANDE

Elle contient des carottes, ce qui est un peu différent.

Bœuf haché	½ lb	225 g
Carottes, râpées	½ tasse	125 mL
Oignon haché	½ tasse	125 mL
Huile d'olive ou de cuisson	2 c. à soupe	30 mL
Tomates, en conserve, non égouttées, hachées	19 oz	540 mL
Sucre granulé	1 c. à thé	5 mL
Origan moulu	½ c. à thé	2 mL
Basilic déshydraté	½ c. à thé	2 mL
Sel	1 c. à thé	5 mL

Faire revenir le bœuf, les carottes et l'oignon dans l'huile d'olive, dans une casserole ou une poêle à frire, jusqu'à ce que la viande soit dorée.

Ajouter les 5 prochains ingrédients. Porter à ébullition. Laisser mijoter 30 minutes, à découvert, jusqu'à ce que la sauce épaississe. Remuer souvent. Donne 675 mL (2½ tasses).

CONSEIL

Une conserve de 798 mL (28 oz) de tomates équivaut à environ 10 grosses tomates mûres, pelées et hachées.

SAUCE MEXICAINE ÉPICÉE

Pour un goût très authentique, il faut mettre plus de piments rouges déshydratés. Cette sauce est excellente avec du porc ou du poulet.

Tomates moyennes, pelées, en dés	3	3
Oignon, haché fin	1/3 tasse	75 mL
Ciboulette, hachée	1 c. à soupe	15 mL
Persil en flocons	1 c. à thé	5 mL
Piments forts déshydratés broyés ou flocons de piment rouge	1/2 c. à thé	2 mL
Sucre granulé	1/4 c. à thé	1 mL
Sel, une petite pincée		

Combiner les 7 ingrédients dans un bol. Remuer. Préparer la sauce au moins 30 minutes avant de servir pour que les goûts se marient. Donne environ 250 mL (1 tasse).

Photo ci-contre.

SAUCE MARINARA

Cette sauce compte parmi les plus célèbres des sauces pour pâtes. Elle est bien épicée et d'un beau rouge foncé.

Huile d'olive (ou huile de cuisson)	2 c. à soupe	30 mL
Oignon haché	1 tasse	250 mL
Gousses d'ail, émincées	2 ou 3	2 ou 3
Tomates, en conserve, non égouttées, écrasées	28 oz	796 mL
Pâte de tomates	5 1/2 oz	156 mL
Sucre granulé	1 c. à soupe	15 mL
Persil en flocons	2 c. à thé	10 mL
Basilic déshydraté	1 1/2 c. à thé	7 mL
Origan moulu	1/2 c. à thé	2 mL
Sel	1/2 c. à thé	2 mL

Faire chauffer l'huile d'olive dans une poêle à frire. Y ajouter l'oignon et l'ail et les faire revenir jusqu'à ce qu'ils soient tendres, soit environ 5 minutes.

Verser les tomates, la pâte de tomates, le sucre, le persil en flocons, les épices et le sel dans la poêle. Mélanger. Porter à ébullition, puis laisser la sauce mijoter à découvert environ 15 minutes, en remuant de temps en temps. Donne environ 650 mL (2 2/3 tasses).

Photo à la page 61.

vec leur bouquet particulier, les vins blancs et rouges sont excellents dans la cuisine, et notamment dans les sauces. Le choix d'un vin pour la cuisson n'est régi par aucune règle, à part celle de choisir un vin que l'on aime, quoiqu'on préfère habituellement les vins plus secs. On peut remplacer le vin blanc par du jus de pomme ou de raisin blanc ou par du vin sans alcool.

SAUCE AU MADÈRE

Elle convient pour le poulet ou le veau.

Madère ou sherry (ou sherry sans alcool)	3 c. à soupe	50 mL
Vin blanc (ou vin blanc sans alcool)	3 c. à soupe	50 mL
Eau	1 tasse	250 mL
Bouillon de poulet en poudre	1 c. à soupe	15 mL
Fécule de maïs	2 c. à soupe	30 mL

Mêler les 5 ingrédients dans une petite casserole. Bien mélanger. Chauffer en remuant à feu moyen jusqu'à ce que la sauce bouille et épaississe. Donne 250 mL (1 tasse).

SAUCE AU VIN ROUGE

En arroser des biftecks de filet de bœuf.

Eau	1 tasse	250 mL
Bouillon de bœuf en poudre	2 c. à thé	10 mL
Sauce tomate	2 c. à soupe	30 mL
Vin rouge (ou vin rouge sans alcool)	$1/4$ tasse	60 mL
Paprika	1 c. à soupe	15 mL
Sarriette moulue	$1/8$ c. à thé	0,5 mL
Sel à l'oignon	$1/2$ c. à thé	2 mL
Poudre d'ail	$1/8$ c. à thé	0,5 mL

Combiner les 8 ingrédients dans une poêle à frire. Porter à ébullition en remuant. Donne 325 mL ($1 1/3$ tasse).

SAUCE BÉARNAISE

Elle est excellente avec des fruits de mer ou du bifteck.

Vin blanc (ou vin blanc sans alcool)	2 c. à soupe	30 mL
Vinaigre à l'estragon	1 c. à soupe	15 mL
Oignons verts, hachés	1 c. à soupe	15 mL
Estragon déshydraté	1 c. à thé	5 mL
Poivre	¼ c. à thé	1 mL
Gros jaunes d'œufs	3	3
Beurre (et non margarine), fondu	½ tasse	125 mL

Porter les 5 premiers ingrédients à ébullition dans une petite casserole. Retirer du feu. Couvrir.

Mettre les jaunes d'œufs dans le mélangeur. Combiner. Sans arrêter le mélangeur, ajouter le beurre fondu aux jaunes d'œufs, en un mince filet. Ajouter le premier mélange. Combiner le tout 6 secondes. Garder au chaud au-dessus d'un bain d'eau chaude. Si la sauce tourne, y incorporer au fouet de 15 à 30 mL (1 à 2 c. à soupe) d'eau. Donne 250 mL (1 tasse).

Photo ci-dessous.

SAUCE AUX CERISES

*On peut en napper des poitrines de poulet ou des tranches de
jambon cuites.*

Beurre ou margarine dure	**3 c. à soupe**	**50 mL**
Oignon haché	**1 tasse**	**250 mL**
Gousse d'ail, émincée	**1**	**1**
Céleri, haché	**¹/₂ tasse**	**125 mL**
Carottes, râpées	**1 tasse**	**250 mL**
Farine tout usage	**¹/₄ tasse**	**60 mL**
Sel	**1 c. à thé**	**5 mL**
Poivre	**¹/₄ c. à thé**	**1 mL**
Clou de girofle moulu, une pincée		
Bouillon de bœuf en poudre	**2 c. à thé**	**10 mL**
Eau	**1 tasse**	**250 mL**
Vin rouge (ou vin rouge sans alcool)	**¹/₄ tasse**	**60 mL**
Cerises dénoyautées, en conserve,	**14 oz**	**398 mL**
non égouttées, en moitiés		

Faire fondre le beurre dans une poêle à frire. Y ajouter l'oignon, l'ail, le
céleri et les carottes et les faire revenir jusqu'à ce qu'ils soient tendres.

Incorporer la farine, le sel, le poivre, le clou de girofle et le bouillon en
poudre. Ajouter l'eau et le vin. Remuer jusqu'à ce que la préparation
bouille et épaississe. Ajouter les cerises et leur jus. Porter de nouveau
à ébullition. Donne 875 mL (3 ¹/₂ tasses).

Photo ci-contre.

Sauce aux champignons,
page 69

SAUCE AUX CHAMPIGNONS

Servir cette sauce avec un pâté au saumon ou des asperges fraîches, cuites.

Beurre ou margarine dure	3 c. à soupe	50 mL
Champignons frais, tranchés	1 tasse	250 mL
Farine tout usage	2 c. à soupe	30 mL
Sel	½ c. à thé	2 mL
Poivre	⅛ c. à thé	0,5 mL
Paprika	½ c. à thé	2 mL
Bouillon de poulet en poudre	½ c. à thé	2 mL
Lait	1 tasse	250 mL
Vin blanc (ou vin blanc sans alcool)	1 c. à soupe	15 mL

Faire fondre le beurre dans une poêle à frire. Ajouter les champignons et les faire revenir jusqu'à ce qu'ils soient tendres.

Saupoudrer avec la farine, le sel, le poivre, le paprika et le bouillon en poudre. Bien mélanger. Ajouter le lait et le vin et remuer jusqu'à ébullition et épaississement. Donne 250 mL (1 tasse).

Photo à la page 68.

SAUCE AU VIN

Cette sauce est répartie sur des escalopes de veau.

Beurre ou margarine dure	¼ tasse	60 mL
Farine tout usage	¼ tasse	60 mL
Sel	½ c. à thé	2 mL
Poivre	1/16 c. à thé	0,5 mL
Bouillon de bœuf en poudre	1 c. à soupe	15 mL
Lait	2 tasses	500 mL
Vin blanc (ou vin blanc sans alcool)	¼ tasse	60 mL

Faire fondre le beurre dans une poêle à frire. Incorporer la farine, le sel, le poivre et le bouillon en poudre. Incorporer le lait et le vin en remuant jusqu'à ce que la sauce bouille et épaississe. Donne 575 mL (2⅓ tasses).

Généralement plus liquides que les sauces, les marinades sont communément employées pour faire macérer du bœuf, du porc, de la volaille, du poisson ou des fruits de mer avant de les cuire et pour introduire un arôme particulier dans les aliments. Les ingrédients acides que contiennent les marinades, comme le vin, le jus de citron ou le vinaigre, attendrissent la chair pour que la marinade s'y infiltre. Le poisson ou les fruits de mer ne doivent mariner que 30 à 60 minutes; plus longtemps, le poisson commence à «cuire».

SAUCE TERIYAKI RAPIDE

Doubler la recette et congeler ce qui reste. La marinade est ensuite toute prête pour assaisonner rapidement du poulet ou un bifteck.

Sauce soja	$^{1}/_{2}$ **tasse**	125 mL
Huile de cuisson	$^{1}/_{4}$ **tasse**	60 mL
Ketchup	1 c. à soupe	15 mL
Poudre d'ail	$^{1}/_{4}$ c. à thé	1 mL

Combiner la sauce soja, l'huile, le ketchup et la poudre d'ail dans un petit bol. Donne 175 mL ($^{3}/_{4}$ tasse).

MARINADE TERIYAKI

Cette marinade savoureuse peut rehausser une coupe de bœuf peu coûteuse.

Sauce soja	$^{2}/_{3}$ **tasse**	150 mL
Cassonade, tassée	$^{1}/_{2}$ **tasse**	125 mL
Sherry (ou sherry sans alcool)	$^{1}/_{4}$ **tasse**	60 mL
Huile de cuisson	2 c. à soupe	30 mL
Gingembre moulu	1 c. à thé	5 mL
Gousse d'ail, émincée	1	1
Sel assaisonné	$^{1}/_{2}$ c. à thé	2 mL

Combiner les 7 ingrédients dans un bol profond. Bien remuer. Donne 300 mL (1 $^{1}/_{4}$ tasse).

CONSEIL

Pour épaissir 250 mL (1 tasse) de marinade, délayer 15 mL (1 c. à soupe) de fécule de maïs dans 30 mL (2 c. à soupe) d'eau froide. Incorporer lentement à la marinade en ébullition, en remuant sans arrêt.

MARINADE PRÉFÉRÉE

Cette marinade est infaillible. On peut faire bouillir et épaissir ce qui en reste en y ajoutant 15 mL (1 c. à soupe) de fécule de maïs délayée dans 30 mL (2 c. à soupe) d'eau pour obtenir une sauce.

Sauce soja	½ tasse	125 mL
Sherry (ou vinaigre de vin rouge)	½ tasse	125 mL
Vinaigre blanc	3 c. à soupe	50 mL
Huile de cuisson	2 c. à soupe	30 mL
Sucre granulé	2 c. à soupe	30 mL
Gingembre moulu	½ c. à thé	2 mL
Poudre d'ail	¼ c. à thé	1 mL
Poivre	¼ c. à thé	1 mL

Combiner les 8 ingrédients dans un petit bol. Bien remuer. Donne 300 mL (1¼ tasse).

Photo ci-contre.

MARINADE PIQUANTE

Comme son nom l'indique, cette marinade a un goût prononcé et piquant... juste ce qu'il faut pour un bon bifteck.

Vinaigre de vin rouge	½ tasse	125 mL
Sauce soja	¼ tasse	60 mL
Gousse d'ail, émincée	1	1
Sauce Worcestershire	2 c. à soupe	30 mL
Moutarde préparée	2 c. à soupe	30 mL
Huile de cuisson	½ tasse	125 mL

Combiner les 6 ingrédients dans un bol. Remuer. Donne 325 mL (1⅓ tasse).

MARINADE AU CHILI

Cette marinade contient un soupçon de tomate. Elle convient pour du poisson.

Vinaigre blanc	½ tasse	125 mL
Sauce chili	2 c. à soupe	30 mL
Huile de cuisson	2 c. à soupe	30 mL
Cassonade, tassée	2 c. à soupe	30 mL
Sauce Worcestershire	1 c. à thé	5 mL
Poudre d'oignon	¼ c. à thé	1 mL
Poudre d'ail	¼ c. à thé	1 mL
Poudre chili	¼ c. à thé	1 mL

Dans un récipient peu profond, combiner les 8 ingrédients. Donne 220 mL (⅞ tasse).

Photo ci-contre.

MARINADE AU GINGEMBRE

Cette marinade au goût excitant est pour un fricassé de bœuf et de légumes.

Sauce soja	3 c. à soupe	50 mL
Sauce aux huîtres	2 c. à soupe	30 mL
Gingembre, haché fin	1½ c. à soupe	25 mL
Sherry (ou sherry sans alcool)	2 c. à soupe	30 mL
Fécule de maïs	1 c. à soupe	15 mL
Sucre granulé	1 c. à thé	5 mL
Sel	½ c. à thé	2 mL

Combiner les 7 ingrédients dans un bol profond. Bien remuer. Donne 100 mL (6 c. à soupe).

Photo à la page 75.

MARINADE AU CITRON

Cette marinade légère rehausse agréablement les crevettes.

Huile de cuisson	½ tasse	125 mL
Jus d'un petit citron		
Zeste d'un citron, tranché		
Poudre d'ail	¼ c. à thé	1 mL
Sel	¼ c. à thé	1 mL
Thym déshydraté	½ c. à thé	2 mL
Sel assaisonné	¼ c. à thé	1 mL
Poivre, une petite pincée		
Sauce piquante aux piments (facultative)	⅛ c. à thé	0,5 mL

Mélanger les 9 ingrédients dans un bol profond. Donne 175 mL (¾ tasse).

Photo à la page 75.

SAUCE CITRONNÉE À L'ANETH

Cette sauce est parfaite pour faire mariner des côtelettes de porc.

Sauce à salade (ou mayonnaise)	6 c. à soupe	100 mL
Moutarde de Dijon	¼ tasse	60 mL
Jus de citron, frais ou en bouteille	¼ tasse	60 mL
Aneth	1 c. à thé	5 mL

Mélanger les 4 ingrédients dans un petit bol. Donne 220 mL (⅞ tasse).

CONSEIL

Pour servir une marinade comme sauce, il faut d'abord la faire bouillir. On peut ensuite l'épaissir ou la servir directement.

MARINADE DE JAVA

Elle sort de l'ordinaire. On s'en sert pour apprêter des côtes de porc.

Café préparé, fort	1¼ **tasse**	300 mL
Ketchup	1¼ **tasse**	300 mL
Cassonade, tassée	⅔ **tasse**	150 mL
Vinaigre de cidre	½ **tasse**	125 mL
Sauce Worcestershire	4 c. à thé	20 mL

Mettre les 5 ingrédients dans un grand bol. Remuer pour dissoudre la cassonade. Donne 800 mL (3¼ tasses).

Photo ci-contre.

MARINADE À LA TOMATE

Elle n'a pas d'égal pour les côtes levées.

Sauce tomate	7½ **oz**	213 mL
Vinaigre de cidre	½ **tasse**	125 mL
Flocons d'oignon déshydratés	1 c. à soupe	15 mL
Sauce Worcestershire	2 c. à thé	10 mL
Sucre granulé	1½ c. à soupe	25 mL
Moutarde préparée	1 c. à thé	5 mL
Poivre	½ c. à thé	2 mL
Poudre chili	1 c. à thé	5 mL
Poudre d'ail	¼ c. à thé	1 mL
Huile de cuisson	¼ **tasse**	60 mL

Combiner les 10 ingrédients dans un petit bol. Bien remuer. Donne 375 mL (1½ tasse).

Photo à la page 75.

Dans le sens horaire, depuis le haut à gauche :
Marinade à la tomate, page 74 ; Marinade au gingembre, page 72 ;
et Marinade au citron, page 73.

SAUCE MAUI

On peut employer cette sauce à l'ananas comme marinade ou la faire bouillir et la servir comme sauce.

Ananas broyé, non égoutté	**19 oz**	**540 mL**
Sauce soja	**½ tasse**	**125 mL**
Sucre granulé	**2 c. à soupe**	**30 mL**
Gingembre moulu	**½ c. à thé**	**2 mL**
Poudre d'ail	**½ c. à thé**	**2 mL**
Poivre	**¼ c. à thé**	**1 mL**

Mettre les 6 ingrédients dans un bol. Remuer. Donne 675 mL (2¾ tasses).

Photo ci-contre.

MARINADE À L'OIGNON

Cette marinade est parfaite pour les brochettes.

Sherry (ou sherry sans alcool)	**½ tasse**	**125 mL**
Sauce soja	**½ tasse**	**125 mL**
Jus de citron, frais ou en bouteille	**1 c. à soupe**	**15 mL**
Sachet de mélange à soupe à l'oignon	**1 × 1½ oz**	**1 × 42 g**
Cassonade, tassée	**2 c. à soupe**	**30 mL**
Huile de cuisson	**2 c. à soupe**	**30 mL**

Mélanger le sherry, la sauce soja, le jus de citron, le mélange à soupe à l'oignon, la cassonade et l'huile dans un bol profond. Bien remuer. Donne 300 mL (1¼ tasse).

Tableaux de mesures

Dans cet ouvrage, les quantités sont données en mesures impériales et métriques. Pour compenser l'écart entre les quantités quand elles sont arrondies, une pleine mesure métrique n'est pas toujours utilisée. La tasse correspond aux huit onces liquides courantes. La température est donnée en degrés Fahrenheit et Celsius. Les dimensions des moules et des récipients sont en pouces et en centimètres ainsi qu'en pintes et en litres. Une table de conversion métrique exacte, avec l'équivalence pratique (mesure courante), suit.

TEMPÉRATURES DU FOUR

Fahrenheit (°F)	Celsius (°C)
175°	80°
200°	95°
225°	110°
250°	120°
275°	140°
300°	150°
325°	160°
350°	175°
375°	190°
400°	205°
425°	220°
450°	230°
475°	240°
500°	260°

CUILLERÉES

Mesure courante	Métrique Conversion exacte, en millilitres (mL)	Métrique Mesure standard, en millilitres (mL)
$1/8$ cuillerée à thé (c. à thé)	0,6 mL	0,5 mL
$1/4$ cuillerée à thé (c. à thé)	1,2 mL	1 mL
$1/2$ cuillerée à thé (c. à thé)	2,4 mL	2 mL
1 cuillerée à thé (c. à thé)	4,7 mL	5 mL
2 cuillerées à thé (c. à thé)	9,4 mL	10 mL
1 cuillerée à soupe (c. à soupe)	14,2 mL	15 mL

TASSES

$1/4$ tasse (4 c. à soupe)	56,8 mL	50 mL
$1/3$ tasse (5 $1/3$ c. à soupe)	75,6 mL	75 mL
$1/2$ tasse (8 c. à soupe)	113,7 mL	125 mL
$2/3$ tasse (10 $2/3$ c. à soupe)	151,2 mL	150 mL
$3/4$ tasse (12 c. à soupe)	170,5 mL	175 mL
1 tasse (16 c. à soupe)	227,3 mL	250 mL
4 $1/2$ tasses	1 022,9 mL	1 000 mL (1 L)

MOULES

Impériale, en pouces	Métrique, en centimètres
8x8 po	20x20 cm
9x9 po	22x22 cm
9x13 po	22x33 cm
10x15 po	25x38 cm
11x17 po	28x43 cm
8x2 po (rond)	20x5 cm
9x2 po (rond)	22x5 cm
10x4 $1/2$ po (cheminée)	25x11 cm
8x4x3 po (pain)	20x10x7 cm
9x5x3 po (pain)	22x12x7 cm

MESURES SÈCHES

Mesure Impériale, en onces (oz)	Métrique Conversion exacte, en grammes (g)	Métrique Mesure standard en grammes (g)
1 oz	28,3 g	30 g
2 oz	56,7 g	55 g
3 oz	85,0 g	85 g
4 oz	113,4 g	125 g
5 oz	141,7 g	140 g
6 oz	170,1 g	170 g
7 oz	198,4 g	200 g
8 oz	226,8 g	250 g
16 oz	453,6 g	500 g
32 oz	907,2 g	1 000 g (1 kg)

RÉCIPIENTS (CANADA ET GRANDE-BRETAGNE)

Mesure impériale	Mesure exacte
1 pte (5 tasses)	1,13 L
1 $1/2$ pte (7 $1/2$ tasses)	1,69 L
2 pte (10 tasses)	2,25 L
2 $1/2$ pte (12 $1/2$ tasses)	2,81 L
3 pte (15 tasses)	3,38 L
4 pte (20 tasses)	4,5 L
5 pte (25 tasses)	5,63 L

RÉCIPIENTS (ÉTATS-UNIS)

Mesure impériale	Mesure exacte
1 pte (4 tasses)	900 mL
1 $1/2$ pte (6 tasses)	1,35 L
2 pte (8 tasses)	1,8 L
2 $1/2$ pte (10 tasses)	2,25 L
3 pte (12 tasses)	2,7 L
4 pte (16 tasses)	3,6 L
5 pte (20 tasses)	4,5 L

Index

LIVRES DE CUISINE

Sauce teriyaki, page 6

Nous créons des recettes de tous les jours sur lesquelles vous pouvez vous fier

Pour plus de renseignements, s'adresser à :

COMPANY'S COMING PUBLISHING LIMITED
C.P. 8037, succ. F
Edmonton (Alberta)
Canada T6H 4N9
TÉL. : (403) 450-6223 (en anglais)
TÉLÉC. : (403) 450-1857